I S)

Sacré-Cœur

MONTMARTRE

Gare du Nord

La Villette

Gare de l'Est

Parc des
Buttes-Chaumont

Canal St-Martin

Musée du
Louvre

Place de la République

Forum
des Halles

Centre
Georges Pompidou

Notre-Dame

QUARTIER
DU MARAIS

Cimetière du
Père-Lachaise

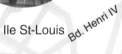
Ile de la Cité

ain-des-Prés

Bd. St-Germain

Ile St-Louis

Bd. Henri IV

Sorbonne

Opéra
Bastille

Place de la Nation

Bd. Diderot

ourg

Institut du
Monde Arabe

Gare de Lyon

Panthéon

Jardin des Plantes

Ministère des Finances

QUARTIER LATIN

d. du Montparnasse

Gare
d'Austerlitz

Palais Omnisport
de Paris-Bercy

SE

Place d'Italie

Bois de Vincennes

Bibliothèque Nationale

Parc Montsouris

Seine

ersitaire

音声について

本書の音声は，下記サイトより無料でダウンロード，
およびストリーミングでお聴きいただけます．

https://stream.e-surugadai.com/books/isbn978-4-411-00776-6/

弊社 HP から『フランス語文法の単位（二訂版）』を検索し，「音声無料ダウンロード ＆ ス
トリーミング専用サイトはこちら」からも同ページにアクセスできます．

＊ご注意
・PC からでも，iPhone や Android のスマートフォンからでも音声を再生いただけます．
・音声は何度でもダウンロード・再生いただくことができます．
・当音声ファイルのデータにかかる著作権・その他の権利は駿河台出版社に帰属します．
　無断での複製・公衆送信・転載は禁止されています．

L'UNITÉ DE LA GRAMMAIRE FRANÇAISE

SUZUKI Takayoshi
NAKANO Shigeru

SURUGADAI SHUPPANSHA

は　じ　め　に

　本書の『フランス語文法の単位（ユニテ）』とは，やや無謀ともいえるタイトルかもしれない．実際，言語現象の多様性の渦中にあっては，対象とすべき「個」（ユニテ）も曖昧なままで，そこにはいかなる統一性（ユニテ）もあったものではないというのが，日々の言葉に対する私達の実感であろう．ただ，外国語を「教える」「学ぶ」という営為においては，そう言って済ませるわけにはいかない．「学ぶべき事象が何から成っているのか」とは，決して大袈裟な問いではなく，教師，学習者の双方が，その過程でほぼ確実に反芻する疑問なのではないか．本書に独自性があるとすれば，それは，こうした半ば無意識の問いかけを，豊富な練習問題によって顕在化させようと試みている点であるように思う．

　作成にあたっては，個々の事項が本来持っている整合性，対称性を提示することを重視し，その全体像をかえって隠蔽してしまうような行き過ぎた単純化を退けた．実用主義を隠れ蓑とした平易化一辺倒の風潮に対するささやかなレジスタンスとして，そうした「削除」や「簡略化」とは違う方法で「教えやすさ」「学びやすさ」を追求したつもりである．

　授業時間等の制約を鑑み，各章の分量が均等になるよう工夫してはいるものの，それを最優先してはいないので，若干の頁数の違いはそのままにしてある．というのも，「初学者用の教科書」に課せられること甚だしい，とっつき易さを企図した諸々の形式に従うこと以上に大切なことがあるのではないか，というのが私達の一貫した理念だからである．以下，本書の特徴を箇条書きにて記す．

1. 初学者を対象として，文法事項の綿密な細分化を行い，一つの事項につき一つの設問を出来る限り用意した．
2. 一つの設問で問うのは，一つの事項であるよう心掛けた．
3. 手の込んだ応用問題に散見される，文法知識の余剰な相互依存性を排除しつつ，学んでいる対象を常に自覚できるようにした．
4. 所有形容詞と所有者の性別，受動態と自動詞の複合過去，複合過去と半過去など，初学者が陥りやすい困難についても，それぞれに狙いを定めた練習問題によって，自ずと「違い」を認識できるようにした．
5. 語彙は平易なものを心掛ける一方で，「基礎単語」の冗長的使用を避け，学習者が辞書を引くことに忙殺されない程度に多様化を図った．
6. 教師自身の言葉による解説を妨げないよう，文法事項の解説は，図式，表などの提示を主とし，説明のくだりが過度に目立たないようにした．

本書の作成にあたってお世話になった多くの方々にお礼を申し上げたい．それぞれのお名前をあげることは紙面の都合上控えるが，それでも私達の共通の恩師であり，教科書の作成を勧めて下さった植田祐次先生と，その御友人で，本書の出版を快諾して下さった井田洋二氏に言及せずに済ますわけにはいかない．私達が機会を得たのは，お二人の長年に渡る親交のおかげだと思っている．また，編集者としてお世話になった山田仁氏にもここであらためて感謝したい．

2006 年 10 月　著者

本書の効果的な使用法

　なによりもお願いしたいのは，「訳しなさい」と直接指示されていない練習問題の文もすべて訳すよう心がけること．様々な語句や表現が織りなす「意味」への探究を抜きにして，「文法」だけでは，読み書きはおろか，簡単な会話でさえもおぼつかないことは周知であろう．翻って言うなら，知らない単語を辞書で調べながら文の意味を考えるという従来の作業に，なんらかの面白味を感じるのなら，外国語を勉強する才能があると思ってまず間違いないということだ．

　なお，解説項右端にある水色の三角　　　　　は，そこまでの知識で取り組むことのできる練習問題の番号を指示している．学んだ文法事項の定着と実践の場にしてもらえたらと思う．この教科書では，出題者の本能ともいえる「凝った問題を作りたい」という欲求をぐっと抑えて，問題を解く側の立場を優先し，一度に多くの知識を必要とする応用問題は 総合 などのごく一部に限られている．問題を連続してこなすことで始めて見えてくるコツなり秘訣なりを是非ともつかんでもらいたい．

表紙デザイン：戸川朱実
作詞・作曲（音声収録曲）：鈴木隆芳

1. アルファベ Alphabet 🔊 2

A	a	[ɑ]	ア		N	n	[ɛn]	エヌ
B	b	[be]	ベ		O	o	[o]	オ
C	c	[se]	セ		P	p	[pe]	ペ
D	d	[de]	デ		Q	q	[ky]	キュ
E	e	[ə]	ウ		R	r	[ɛːr]	エール
F	f	[ɛf]	エフ		S	s	[ɛs]	エス
G	g	[ʒe]	ジェ		T	t	[te]	テ
H	h	[aʃ]	アシュ		U	u	[y]	ユ
I	i	[i]	イ		V	v	[ve]	ヴェ
J	j	[ʒi]	ジ		W	w	[dubləve]	ドゥブルヴェ
K	k	[kɑ]	カ		X	x	[iks]	イクス
L	l	[ɛl]	エル		Y	y	[igrɛk]	イグレック
M	m	[ɛm]	エム		Z	z	[zɛd]	ゼッドゥ

2. 綴り字と発音 🔊 3

—語末の子音字は原則として発音しない. chocolat, Paris, coup
  ただし, c, r, f, l は発音することが多い. avec, bonjour, chef, mal
—h は発音しない. ただし, 有音の h と無音の h があり, 有音の h はリエゾン, アンシェヌマン,
  エリジヨンの対象にならない.

単母音

・a, à, â	[a / ɑ]	ア	ma, là, âge
・é	[e]	エ	été , école, bébé
・è, ê	[ɛ]	エ	très, tête, rêve
・e (e+語末の子音字, または, e+2つ以上の子音字)	[e / ɛ]	エ	nez, avec, université, baguette
・e (上記以外の語中の e)	[ə]	ウ	petit, menu, demi
・e (語末)		無音	Italie, livre, Marie
・i, î, y	[i]	イ	vite, dîner, style
・o, ô	[o / ɔ]	オ	pot, idole, hôtel,
・u, û	[y]	ユ	musée, rue, flûte

複母音

・ai, ei	[ɛ]	エ	maison, Seine, neige
・au, eau	[o]	オ	sauce, restaurant, beau, château
・eu, œu	[ø / œ]	ウ	deux, cœur, sœur
・ou, où	[u]	ウ	rouge, amour, où
・oi	[wa]	ワ	toi, croissant, soirée

鼻母音

・an, am, en, em	[ɑ̃]	アン	diamant, chambre, encore, temps
・in, im, yn, ym	[ɛ̃]	アン	invitation, impossible, syndicat, symbole
ain, aim, ein, eim			pain, faim, sein, Reims
・un, um	[œ̃]	アン	brun, parfum, lundi
・on, om	[ɔ̃]	オン	pardon, oncle, ombre
・ien	[jɛ̃]	イャン	bien, Italien, chien
・éen	[eɛ̃]	エアン	coréen, lycéen, européen
・oin	[wɛ̃]	ワン	loin, point, soin

半母音

・i＋母音字	[j]	イ	ciel, piano, étudiant
・u＋母音字	[ɥ]	ユ	nuage, nuit, ennui
・ou＋母音字	[w]	ウ	oui, ouest, Louis
・ay＋母音字	[ɛj]	エイ	crayon, essayer, payer
・oy＋母音字	[waj]	ワイ	voyage, noyau, royal
・uy＋母音字	[ɥi]	ユイ	tuyau, ennuyer, appuyer
・母音字＋il(l)	[j]	ユ	travail, soleil, bouteille
・子音字＋ill	[ij]	イユ	fille, famille, brillant

注意すべき子音

・c＋a, o, u	[k]	café, école, culture
・c＋e, i, y	[s]	ce, cinéma, cycle
・ç	[s]	leçon, français, ça
・g＋a, o, u	[g]	garçon, gomme, aigu
・g＋e, i, y	[ʒ]	rouge, gilet, gymnase
・ch	[ʃ]	chat, château, bouche
・ph	[f]	téléphone, photo, physique
・gn	[ɲ]	campagne, signe, montagne
・th	[t]	thé, théâtre, rythme
・qu	[k]	disque, question, musique
・母音字＋s＋母音字	[z]	saison, poison, désert

3. 綴り字記号

´	accent aigu	é		‚	cédille	ç
`	accent grave	à, è, ù		'	apostrophe	l'amour
^	accent circonflexe	â, ê, î, ô, û		-	trait d'union	peut-être
¨	tréma	ë, ï, ü				

4. 句読記号

.	point		!	point d'exclamation
,	virgule		…	point de suspension
;	point-virgule		—	tiret
:	deux-points		« »	guillemets
?	point d'interrogation		( )	parenthèses

5. 連続する語句に関する発音の規則

リエゾン **liaison**

un‿enfant   les‿hôpiteaux   prêt-à-porter
chez‿elle   grand‿arbre   deux‿hôtels

アンシェヌマン **enchaînement**

elle⁀est   il a une⁀amie

エリジオン **élision**

l'homme (le + homme)   l'étoile (la + étoile)
j'habite (je + habite)   c'est (ce + est)   s'il (si + il)

フランス語文法の単位・目次

Unité 1 から Unité 12 までの展望
― フランス語のヨ̇コ̇のカ̇ギ̇を学ぶ ―

フランス人が好むクロスワードパズル (mots-croisés) にたとえるなら，私達がここで学ぶことは，フランス語のヨコのカギと言えるかもしれない．ターゲットは**名詞**を核とした語句の単位で，**代名詞，冠詞，形容詞，指示詞**などがそれにあたる．これらは名詞が**男性 / 女性，単数 / 複数**のいずれであるかによって何らかの影響を受けるという性質を持っている．具体的な作業としては，名詞の**性・数**に気を配りながら，語句を正しく配置していくという水平方向の規則を学ぶことになる．一方で，動詞も決して軽視はできないが，こちらの方は，まずは現在形の諸活用に慣れることを当面の目標としたい．

UNITÉ 1 | 名詞・冠詞・提示表現

1-1 名詞 🔊 4

男性名詞

père 父　　garçon 少年　　soleil 太陽　　gâteau ケーキ　　vin ワイン　　ski スキー
téléphone 電話　　ventre 腹　　lycée 高校　　amour 愛　　Japon 日本　etc.

女性名詞

mère 母　　fille 少女　　lune 月　　tarte タルト　　bière ビール　　natation 水泳
télévision テレビ　　épaule 肩　　université 大学　　amitié 友情　　France フランス
etc.

> ＊複数形には原則として s をつける．ただし，この s は発音しない．
>
> 　　fille（単数）→ filles（複数）
>
> ＊名詞の性別の多くは，文法上の決まりとしてとらえる必要がある．

1-2 冠詞

不定冠詞 🔊 5

	単数	複数
男性	un	des
女性	une	

un taxi（男・単）　　**des** taxis（男・複）
une école（女・単）　　**des** écoles（女・複）

Ex.1

定冠詞 🔊 6

	単数	複数
男性	le (l')	les
女性	la (l')	

le café（男・単）　　**les** cafés（男・複）
la table（女・単）　　**les** tables（女・複）

> ＊母音で始まる単数の名詞では l' を用いる．
>
> 　　**l'**étoile（女・単）　　**les** étoiles（女・複）
>
> 　　**l'**homme（男・単）　　**les** hommes（男・複）

Ex.2

部分冠詞 🔊 7

男性	du (de l')
女性	de la (de l')

du courage（男）

de la confiture（女）

＊数えられない不特定の事物を表す.

＊母音で始まる名詞では de l' を用いる.

    de l'argent（男）   **de l'**eau（女）

Ex.3

1-3　提示表現 🔊 8

C'est ...
Ce sont ...

C'est une pomme.

Ce sont des livres.

Ex.4

Voilà ...
Voici ...

Voilà un chat.

Voici une moto.

Il y a ...

Il y a un verre.

⇨ 総合 **Ex.5**

[EXERCICES]

Ex.1　名詞の性別と意味を調べ，性・数に応じた不定冠詞を付けなさい.

[不定冠詞の用法]

例：＿＿une＿＿ voiture ＿＿女・単＿＿ ＿車＿

1. ＿＿＿＿＿ jour ＿＿＿＿＿＿ ＿＿＿＿＿
2. ＿＿＿＿＿ image ＿＿＿＿＿＿ ＿＿＿＿＿
3. ＿＿＿＿＿ ordinateurs ＿＿＿＿＿＿ ＿＿＿＿＿
4. ＿＿＿＿＿ mot ＿＿＿＿＿＿ ＿＿＿＿＿
5. ＿＿＿＿＿ liberté ＿＿＿＿＿＿ ＿＿＿＿＿
6. ＿＿＿＿＿ films ＿＿＿＿＿＿ ＿＿＿＿＿
7. ＿＿＿＿＿ château ＿＿＿＿＿＿ ＿＿＿＿＿
8. ＿＿＿＿＿ bureau ＿＿＿＿＿＿ ＿＿＿＿＿

9. _____ pâtissier _____ _____

10. _____ sommelier _____ _____

Ex.2 名詞の性別と意味を調べ，性・数に応じた定冠詞を付けなさい. [定冠詞の用法]

1. _____ place _____ _____
2. _____ cinéma _____ _____
3. _____ nuits _____ _____
4. _____ hôpital _____ _____
5. _____ courage _____ _____
6. _____ Italie _____ _____
7. _____ station _____ _____
8. _____ communication _____ _____
9. _____ aventure _____ _____
10. _____ littérature _____ _____

Ex.3 名詞の性別と意味を調べ，性別に応じた部分冠詞を付けなさい. [部分冠詞の用法]

1. _____ musique _____ _____
2. _____ sel _____ _____
3. _____ vin _____ _____
4. _____ eau _____ _____
5. _____ air _____ _____
6. _____ pain _____ _____
7. _____ huile d'olive _____ _____
8. _____ fortune _____ _____
9. _____ essence _____ _____
10. _____ patience _____ _____

Ex.4 名詞に適当な不定冠詞を付け，**c'est / ce sont** で始まる文章を完成させなさい.

[提示表現の文]

例：crayon（男・単）→ C'est un crayon.

1. fenêtres（女・複）
2. appartement（男・単）

3. églises （女・複）

4. solution （女・単）

5. amour （男・単）

6. avis （男・単）

7. pays （男・単）

8. omelette （女・単）

9. chemises （女・複）

10. cahier （男・単）

Ex.5 総合 以下の文章を訳しなさい.

1. C'est Monsieur Navarro.

2. C'est la vérité !

3. Voilà les Champs-Elysées.

4. Aujourd'hui, il y a du travail.

5. Il y a encore de la neige ?

6. C'est le Mont-Blanc.

7. Il y a quelqu'un dehors ?

8. Là-bas, c'est la tour Eiffel.

2 | être · avoir · 否定文

2-1 être 🔊 9

〔活 用〕

être		
je suis	nous	sommes
tu es	vous	êtes
il est	ils	sont
elle est	elles	sont

Tu **es** sage.

Marie et Paul **sont** à Paris.

C'**est** un livre.

Nous **sommes** dans le bureau.

＊動詞は主語人称代名詞 (je, tu, il, elle, nous, vous, ils, elles) に応じて活用する.

＊今後，表記がない限り，elle は il, elles は ils と同一の活用とする.

＊上記以外に「私達」,「人（々）」を意味する on があり，動詞は il と同様に活用する.

On **est** en France.

On **est** prêts.

Ex.1

2-2 avoir 🔊 10

〔活 用〕

avoir		
j' ai	nous	avons
tu as	vous	avez
il a	ils	ont

Ils **ont** une voiture.

Vous **avez** un stylo ?

J'**ai** de la chance.

＊ je は続く動詞が母音で始まるとき，j' となる.

Ex.2

2-3 否定文 🔊 11

ne ... pas

Je **ne** suis **pas** fatigué.

Il **n'a pas** encore vingt ans.

Elle **n'est pas** sympathique.

＊ne は続く動詞が母音で始まるとき n' となる.

Ex.3

否定文中の冠詞 🔊 12

直接目的補語（7-1 参照）に付く不定冠詞 (un / une / des) と部分冠詞 (du / de la / de l')
は否定文では de になる.

Je n'ai pas **de** crayons. ← J'ai **des** crayons.

Elle n'a pas **de** courage. ← Elle a **du** courage.

Il n'y a pas **d'**eau. ← Il y a **de l'**eau.

Cf. Ce n'est pas **un** chien. ← C'est **un** chien.

Ex.4

その他の ne を伴う表現 🔊 13

ne ... jamais	Elle **n'a jamais** le temps.
ne ... plus	Je **n'ai plus** de monnaie.
ne ... que	Je **n'ai que** des billets.

⇨ 総合 **Ex.5**

[EXERCICES]

Ex.1 être を活用し，下線部を埋めなさい.   [être を用いた文]

1. Nous ＿＿＿＿＿＿ Français.

2. Il ＿＿＿＿＿＿ là ?

3. Elle ＿＿＿＿＿＿ blonde ?

4. Vous ＿＿＿＿＿＿ médecin ?

5. Tu ＿＿＿＿＿＿ fatigué ?

6. C'＿＿＿＿＿＿ beau.

7. Je ＿＿＿＿＿＿ amoureux d'elle.

8. Les robes ＿＿＿＿＿＿ à la mode.

9. Ils ＿＿＿＿＿＿ dans le salon de thé.

10. On ＿＿＿＿＿＿ à Nice.

Ex.2 avoir を活用し，下線部を埋めなさい. [avoir を用いた文]

1. Tu ＿＿＿＿＿＿ un vélo ?

2. Ils ＿＿＿＿＿＿ des enfants.

3. Elle ＿＿＿＿＿＿ trois ans.

4. J'＿＿＿＿＿＿ chaud !

5. On ＿＿＿＿＿＿ soif.

6. Vous ＿＿＿＿＿＿ de la patience !

7. Nous ＿＿＿＿＿＿ une villa.

8. Il ＿＿＿＿＿＿ raison.

9. Une année ＿＿＿＿＿＿ quatre saisons.

10. Vous ＿＿＿＿＿＿ besoin d'un dictionnaire.

Ex.3 être, avoir をそれぞれ否定形に活用しなさい. [être, avoir の否定形での活用]

être

（例）je ＿ne suis pas＿   nous ＿＿＿＿＿＿

tu ＿＿＿＿＿＿   vous ＿＿＿＿＿＿

il ＿＿＿＿＿＿   ils ＿＿＿＿＿＿

avoir

je ＿＿＿＿＿＿   nous ＿＿＿＿＿＿

tu ＿＿＿＿＿＿   vous ＿＿＿＿＿＿

il ＿＿＿＿＿＿   ils ＿＿＿＿＿＿

Ex.4　以下の文を **ne ... pas** を用いて否定文にしなさい. ［否定文への書きかえ］

1. Elle est malade.
2. Je suis content.
3. Vous êtes en vacances ?
4. Les films français sont intéressants.
5. C'est gentil.
6. La station de métro est propre.
7. Nous sommes très inquiets.
8. Nous avons des amis américains.
9. Elle a des lunettes.
10. Le bébé a deux mois.
11. J'ai beaucoup de livres.
12. Tu as le choix.
13. Il y a du poisson dans l'assiette.
14. Tu as de la patience !
15. Elles ont peur des chiens.

Ex.5　総合　以下の文章を訳しなさい.

1. Désolé.　Je n'ai plus le temps.
2. Tu n'as pas l'air très heureux.
3. Sincèrement, la situation n'est pas si mauvaise.
4. Sophie n'est presque jamais dans la cuisine.
5. Il n'y a qu'une semaine de vacances.
6. On a beaucoup d'invités, mais malheureusement on n'a qu'une bouteille de champagne.

3 | -er 型動詞・-ir 型動詞・疑問文・縮約

3-1　-er 型動詞（第一群規則動詞）🔊 14

〔活　用〕

chanter				
je chant**e**	**-e**	nous chant**ons**	**-ons**
tu chant**es**	**-es**	vous chant**ez**	**-ez**
il chant**e**	**-e**	ils chant**ent**	**-ent**

＊ 活用に若干の変則を含む動詞がある.

appeler :	j'appe**ll**e; tu appe**ll**es, il appe**ll**e, nous appelons, vous appelez, ils appe**ll**ent
préférer :	je préf**è**re, tu préf**è**res, il préf**è**re, nous préférons, vous préférez, ils préf**è**rent
employer :	j'emplo**i**e, tu emplo**i**es, il emplo**i**e, nous employons, vous employez, ils emplo**i**ent
manger :	nous mang**e**ons
commencer :	nous commen**ç**ons
	etc.

Ex.1, Ex.2

3-2　-ir 型動詞（第二群規則動詞）🔊 15

〔活　用〕

finir				
je fini**s**	**-s**	nous fini**ssons**	**-ssons**
tu fini**s**	**-s**	vous fini**ssez**	**-ssez**
il fini**t**	**-t**	ils fini**ssent**	**-ssent**

Ex.3, Ex.4

3-3　疑問文 🔊 16

1) 抑揚（イントネーション）による.

Tu étudies aujourd'hui ?

2) 文頭に **est-ce que** を付ける.

Est-ce que vous avez des enfants ?

Est-ce qu'elle chante bien ?

3) **主語人称代名詞と動詞を倒置する.**

a) 主語が人称代名詞

Parlez-vous français ? ← Vous parlez français.

b) 主語が一般名詞・固有名詞

Le cours finit-il à six heures ? ← Le cours finit à six heures.

Annie et Serge aiment-ils le sport ? ← Annie et Serge aiment le sport.

＊三人称単数の語尾が -e（一部 -a）で終わる動詞は -t- を挿入する.

danse-**t**-elle ← elle dans**e**　　Pierre parl**e**-**t**-il ← Pierre parl**e**

＊倒置疑問文の否定は, ハイフンで結ばれた主語と動詞全体を ne … pas ではさむ.

N'est-elle **pas** étudiante ? ← Est-elle étudiante ?

La leçon **ne** commence-t-elle **pas** à midi ?

← La leçon commence-t-elle à midi ?

Ex.5

3-4　縮約　🔊 17

前置詞 de

| du ← (~~de + le~~) | la coupe **du** monde |
| des ← (~~de + les~~) | les cris **des** enfants |

前置詞 à

| au ← (~~à + le~~) | la vie **au** Japon |
| aux ← (~~à + les~~) | une tarte **aux** pommes |

＊縮約は必須であり, 任意ではない.

○ la coupe **du** monde　　× la coupe ~~de le~~ monde

＊la, l'（母音の前の le / la）は縮約の対象にならない.

la capitale **de la** France, les robes **à la** mode, la clef **de l'**hôtel

Ex.6

⇨ 総合 **Ex.7**

[EXERCICES]─────────────────

Ex.1　以下の **-er** 型動詞を活用しなさい.　　　　　　　　　　[-er 型動詞の活用]

1. penser　2. arriver　3. habiter　4. envoyer（変則）　5. songer（変則）

Ex.2　動詞を活用し，下線部を埋めなさい. 　　　　　　　　［-er 型動詞を用いた文］

　　　1. parler :　　Tu ＿＿＿＿＿＿ bien italien.

　　　2. marcher :　Il ＿＿＿＿＿＿ lc matin.

　　　3. danser :　　Nous ne ＿＿＿＿＿＿ pas très souvent.

　　　4. passer :　　Le temps ＿＿＿＿＿＿ vite.

　　　5. penser :　　Vous ＿＿＿＿＿＿ à elle ?

　　　6. habiter :　　Elle n'＿＿＿＿＿＿ pas à Londres.

　　　7. trouver :　　Je ＿＿＿＿＿＿ Nathalie jolie.

　　　8. rentrer :　　Ils ne ＿＿＿＿＿＿ pas avant minuit.

　　　9. regarder :　Tu ＿＿＿＿＿＿ toujours la télé ?

　　10. ranger :　　Nous ＿＿＿＿＿＿ les papiers dans le dossier.

　　11. envoyer :　　Ils ＿＿＿＿＿＿ un paquet à l'étranger.

　　12. acheter :　　On ＿＿＿＿＿＿ une baguette et des croissants.

Ex.3　以下の -ir 型動詞を活用しなさい. 　　　　　　　　　　［-ir 型動詞の活用］

　　　1. choisir　　　2. réussir　　　3. obéir　　　4. agir　　　5. réfléchir

Ex.4　動詞を活用し，下線部を埋めなさい. 　　　　　　　　［-ir 型動詞を用いた文］

　　　1. agir :　　　　Elles n'＿＿＿＿＿＿ pas très sagement.

　　　2. réfléchir :　Nous ＿＿＿＿＿＿ sur un sujet.

　　　3. finir :　　　Le concert ＿＿＿＿＿＿ bientôt.

　　　4. jouir :　　　Vous ＿＿＿＿＿＿ de la vie !

　　　5. aboutir :　　Le couloir ＿＿＿＿＿＿ à l'escalier.

Ex.5　以下の文を **est-ce que** を用いた疑問文と倒置の疑問文にそれぞれしなさい.

　　　　　　　　　　　　　　　　　　　　［est-ce que・倒置疑問文への書きかえ］

　　　1. Tu as des sœurs ?

　　　2. Nous déjeunons à la cantine ?

　　　3. Elle joue du piano ?

　　　4. Il arrive à l'église ?

　　　5. Sophie fume beaucoup ?

　　　6. C'est gratuit ?

　　　7. Vous préférez le poisson ?

8. Elle nourrit toute la famile ?

9. La science est utile ?

10. Le professeur parle en anglais ?

11. Les herbes poussent vite ?

12. Vous n'êtes pas content ?

13. Il n'habite pas ici ?

14. Les sacs de marque ne coûtent pas cher ?

15. La climatisation ne marche pas bien dans le bureau ?

Ex.6 下線部を必要があれば縮約形に改めなさい. ［縮約の見きわめ］

1. un café <u>à le</u> lait

2. un croissant <u>à les</u> amandes

3. Avenue <u>de les</u> Champs-Élysées

4. une hôtesse <u>de l'</u>air

5. un plat <u>de le</u> jour

6. une peinture <u>à l'</u>huile

7. une glace <u>à la</u> vanille

8. le président <u>de la</u> République

Ex.7 総合 以下の文章を訳しなさい.

1. On dîne ensemble ce soir ?

2. On parle beaucoup des films américains.

3. Le temps change fréquemment au printemps.

4. D'habitude, nous choisissons le champagne comme apéritif.

5. Je ne mange pas aujourd'hui, car j'ai mal à l'estomac.

6. N'y a-t-il pas un arrêt d'autobus près d'ici ?

7. C'est du courrier du Japon.

8. L'internet n'est-il pas adapté aux enfants ?

4-1 品質形容詞　形容する名詞の性・数に応じて変化する．一般に名詞の後ろに置く．

🔊 18

	単数	複数
男性	形容詞	形容詞 + **s**
女性	形容詞 + **e**	形容詞 + **es**

un taxi *noir*（男・単）　　　　　　des taxis *noirs*（男・複）

une table *noire*（女・単）　　　　　des tables *noires*（女・複）

*grand(e), petit(e), bon(ne), mauvais(e), joli(e), jeune など名詞の前に置くものも一部ある．

　　un **petit** service（男・単）　　　une **jolie** voix（女・単）

*形容詞を名詞の前に置く場合，不定冠詞 des は原則 de になる．

　　de bons résultats ← ~~des~~ bons résultats

Ex.1

特殊な女性形 🔊 19

-e / 不変	diffici**le** / diffici**le**
-er / -ère	ch**er** / ch**ère**
-f / -ve	acti**f** / acti**ve**
-eux / -euse	séri**eux** / séri**euse**

*語末の子音を重ねる　bon / bon**ne**　　naturel / naturel**le**
*その他不規則　doux / douce　　blanc / blanche　　long / longue

特殊な複数形 🔊 20

-al /-aux	géné**ral** / géné**raux**
-eau / -eaux	jum**eau** / jum**eaux**
-s -x / 不変	gris / gris　doux / doux

*上記のような形容詞の規則の一部は名詞についてもあてはまる．

　　ami / amie　　étranger / étrangère　　animal / animaux　　morceau / morceaux
　　fils / fils　etc.

男性第二形 🔊 21

	単数	複数
男性	beau / **bel**	beaux
女性	belle	belles

母音で始まる男性単数名詞の前で用いる.

un beau paysage / un **bel** oiseau

un nouveau bâtiment / un **nouvel** appartement

un vieux quartier / un **vieil** habitant

Ex.2

4-2 指示形容詞 🔊 22

	単数	複数
男性	ce (cet)	ces
女性	cette	

ce garçon   **ces** garçons

cette fille   **ces** filles

＊cet は母音で始まる男性単数名詞の前で用いる.

cet exercice   **cet** hiver

Ex.3

4-3 aller 🔊 23

〔活 用〕

aller	
je vais	nous allons
tu vas	vous allez
il va	ils vont

Il **va** à l'Hôtel de Ville de Paris.

Tu **vas** bien ?   — Oui, je **vais** bien.

Ex.4

4-4 venir 🔊 24

〔活 用〕

venir	
je viens	nous venons
tu viens	vous venez
il vient	ils viennent

Tu **viens** ?   — Oui, volontiers.

Elle **vient** chercher les enfants.

＊devenir, tenir も同じタイプの活用

Ex.5

4-5　近接未来・近接過去　🔊 25

| aller＋不定法 | 近い未来 | Je **vais visiter** le musée d'Orsay. |

| venir＋de＋不定法 | 近い過去 | Nous **venons de visiter** la Tour Eiffel. |

Ex.6

4-6　**sortir** 型不規則動詞　🔊 26

〔活　用〕

sortir	
je sors	nous sortons
tu sors	vous sortez
il sort	ils sortent

Je ne **sors** pas sans mon chien.

Ça **sent** bon, ce thé à la menthe.

＊partir, dormir, servir, sentir なども同じタイプの活用.

Ex.7

⇨ 総合 **Ex.8**

[EXERCICES]

Ex.1　形容詞を性・数に応じて変化させなさい.　　　　〔形容詞の性・数一致〕

例：des tables (rond) → des tables rondes

　1. une étoile (bleu)　　　　　　2. de (joli) chaussures
　3. une opinion (intéressant)　　4. des voitures (puissant)
　5. des écoliers (gai)　　　　　　6. une bière (blond)
　7. des garçons (charmant)　　　8. une forêt (profond)
　9. des gens (intelligent)　　　 10. une (petit) villa
 11. de l'eau (chaud)　　　　　　12. une (mauvais) route

Ex.2 形容詞を性・数に応じて変化させなさい. [特殊な変化をする形容詞の性・数一致]

例：une voiture (blanc) → une voiture blanche

1. une femme (doux)
2. des filles (actif)
3. des étudiantes (heureux)
4. une chemise (cher)
5. une robe (rouge)
6. une (long) histoire
7. des échanges (culturel)
8. une maladie (sérieux)
9. une (bon) idée
10. des projets (national)
11. de (beau) yeux
12. un (nouveau) avion
13. un (vieux) hôtel
14. un (fou) espoir

Ex.3 名詞に指示形容詞 (ce, cet, cette, ces) を付けなさい. [指示形容詞の性・数の一致]

1. un étudiant
2. des étudiants
3. une étudiante
4. des étudiantes
5. des lunettes
6. un livre
7. une station
8. une place
9. un train
10. une nuit
11. des soirées
12. un hôpital

Ex.4 aller を適当に活用しなさい. [aller を用いた文]

1. Est-ce que tu _____ à la gare ?
2. Nous _____ au cinéma.
3. Le dimanche, _____-vous à l'église ?
4. Cette cravate _____ bien avec cette chemise-ci.
5. Elles _____ à la fête cette nuit.
6. Tout _____ bien.

Ex.5 venir を適当に活用しなさい. [venir を用いた文]

1. Olivier _____ de Lyon.
2. Est-ce que vous _____ cet après-midi ?
3. Tu _____ avec nous ?
4. Je _____ déjeuner chez toi !
5. Nous _____ d'Italie.
6. Ces mots _____-ils du latin ?

Ex.6 以下の文を近接未来と近接過去にそれぞれ書きかえなさい.

[近接未来・近接過去への書きかえ]

1. Elle pleure.
2. Il réussit ses examens.
3. Ils jouent au foot.
4. Je répare la télévision.
5. Nous écoutons de la musique.
6. Eric a 19 ans.
7. J'achète cette nouvelle jupe.
8. Elle devient indépendante.

Ex.7 以下の動詞を適当に活用しなさい.

[sortir 型不規則動詞を用いた文]

1. sortir : Elle _____ cet après-midi ?
2. dormir : Les enfants _____ bien.
3. servir : Nous _____ nos invités à table.
4. sentir : Tu ne _____ pas la fumée ?
5. partir : L'autobus _____ de Bastille.
6. partir : Les vacances _____ du 15 août.
7. mentir : Ce mannequin _____ sur son âge.
8. consentir : Mes parents ne _____ pas à nos fiançailles.

＊3., 8. nos「私達の」, 7. son「彼女の」, 8. mes「私の」. それぞれ所有形容詞.

Ex.8 総合 以下の文章を訳しなさい.

1. Elle tient sa fille par la main.
2. Est-ce que vous allez soutenir ce candidat aux élections parlementaires ?
3. Cette princesse ne semble pas très intéressée par la politique.
4. Vincent vient de rencontrer une vieille dame charmante.
5. Ces lunettes sont chouettes et en plus elles sont très légères !
6. Elles vont être en retard aujourd'hui.
7. A vrai dire, je n'aime pas ces gens-là.

5-1　所有形容詞　🔊 27

	男性単数	女性単数	複数
私の〜	mon	ma (mon)	mes
君の〜	ton	ta (ton)	tes
彼(彼女)の〜・その〜	son	sa (son)	ses
私たちの〜	notre		nos
あなた(たち)の〜	votre		vos
彼(彼女)らの〜 それらの〜	leur		leurs

mon père,　**ta** mère,　**ses** parents

notre père,　**votre** mère,　**leurs** parents

＊母音で始まる女性単数名詞の前では，mon, ton, son を用いる．

　mon école,　ton image,　son amie

＊所有者の生物上の性別と，名詞の文法上の性別を混同しない．sa sœur の sa は，sœur が女性単数名詞であることを示しているのであって，「彼の姉妹」か「彼女の姉妹」かを決定しているのではない．

Ex.1

5-2　疑問形容詞　🔊 28

	単数	複数
男性	quel	quels
女性	quelle	quelles

Quels films aimez-vous ?
(男・復)

Quelle est ton adresse ?
(女・単)

＊対応する名詞の性・数に一致する．

Ex.2

5-3　疑問副詞　🔊 29

Quand arrive-t-il ?

Où habite-t-il ?

Combien coûte ce collier ?　**Combien de** frères avez-vous ?

Pourquoi ne vient-il pas ce soir ? — Parce qu'il est trop occupé.

Comment allez-vous ?

Ex.3

5-4 faire 🔊 30

［活　用］

faire		
je fais	nous	faisons
tu fais	vous	fai**tes**
il fait	ils	font

Elles **font** du yoga.

Ça ne **fait** rien.

Je **fais** venir un docteur.

Ex.4

5-5 prendre 🔊 31

［活　用］

prendre		
je prends	nous	prenons
tu prends	vous	prenez
il prend	ils	prennent

Ça **prend** une heure.

Tu **comprends** ?　— Non, pas du tout.

＊apprendre, comprendre も同じタイプの活用

Ex.5

5-6 mettre 🔊 32

［活　用］

mettre		
je mets	nous	mettons
tu mets	vous	mettez
il met	ils	mettent

D'habitude, elle **met** du parfum.

On **promet** à ce sportif un brillant avenir.

＊permettre, promettre も同じタイプの活用

Ex.6

⇨ 総合 **Ex.7**

[EXERCICES]

Ex.1　冠詞を参考にしながら，適当な所有形容詞を入れなさい. ［所有形容詞の用法］

1. la mère 　　→ ＿＿＿＿＿＿＿＿ mère（私の）

2. les parents 　→ ＿＿＿＿＿＿＿＿ parents（私たちの）

3. le frère 　　→ ＿＿＿＿＿＿＿＿ frère（彼女らの）

4. la sœur 　　→ ＿＿＿＿＿＿＿＿ sœur（あなたたちの）

5. les parents 　→ ＿＿＿＿＿＿＿＿ parents（彼女の）

6. le frère 　　→ ＿＿＿＿＿＿＿＿ frère（彼女の）

7. la sœur   → _____ sœur （彼の）

8. les frères   → _____ frères （あなたたちの）

9. la mère   → _____ mère （君たちの）

10. les cousines   → _____ cousines （彼らの）

11. la robe   → _____ robe （彼女の）

12. le style   → _____ style （私の）

13. les devoirs   → _____ devoirs （あなたの）

14. les livres   → _____ livres （彼の）

15. le rêve   → _____ rêve （彼らの）

16. les chats   → _____ chats （私たちの）

17. l'erreur   → _____ erreur （彼女の）

18. l'assiette   → _____ assiette （私の）

19. les amies   → _____ amies （君の）

20. l'appartement → _____ appartement （彼女らの）

Ex.2 適当な疑問形容詞 (quel, quels, quelle, quelles) を入れなさい.

[疑問形容詞の用法]

1. _____ âge avez-vous ?

2. _____ heure est-il ?

3. _____ sont vos chansons préférées ?

4. _____ boisson choisissez-vous ?

5. _____ est votre prénom ?

6. _____ est ton numéro de téléphone ?

7. _____ sont tes romans favoris ?

8. _____ pays aimez-vous ?

Ex.3 返答の文を参照しながら, 適当な疑問副詞を入れなさい.   [疑問副詞の用法]

1. _____ commencent les soldes ? — Elles commencent demain.

2. _____ mesurez-vous ? — Je mesure 1m 75.

3. _____ de personnes y a-t-il dans la salle ?

   — Il y a trente personnes.

4. _____ va votre mari ? — Il va très bien, merci.

5. _____ allez-vous en vacances ? — Nous allons en Italie.

6. _____ obéissez-vous à Jean ? — Parce qu'il est mon chef.

7. _____ est-ce que cette séance de cinéma finit ?

    — Elle finit à 23 heures.

8. _____ vas-tu à la gare ? — En taxi.

9. Depuis _____ étudiez-vous le français ? — Depuis avril.

10. _____ coûte ce pantalon ? — Il coûte 25 euros.

11. _____ est-ce qu'elle habite ? — Elle habite à Paris.

12. _____ pèse-t-il ? — Il pèse 63 kilos.

13. _____ ne travaillez-vous pas ?

    — Parce que je ne suis pas en forme.

14. _____ vous appelez-vous ? — Je m'appelle Camille.

15. D'_____ venez-vous ? — Je viens de Normandie.

Ex.4 **faire** を適当に活用しなさい.   [faire を用いた文]

1. Julie _____ du piano.

2. Nous _____ du bricolage le week-end.

3. Tu _____ des courses cet après-midi ?

4. Vous _____ de la politique.

5. Les Espagnols _____ la sieste.

6. Ça _____ du bien !

7. Je _____ taper les dossiers à mon secrétaire.

8. Elles _____ du théâtre.

Ex.5 **prendre** を適当に活用しなさい.   [prendre を用いた文]

1. Séverine _____ le thé.

2. _____-vous une bière blanche ?

3. Mes parents _____ le petit déjeuner.

4. Est-ce que tu _____ un bain ?

5. Nous _____ le train.

6. Ça _____ du temps !

7. Ce meuble _____ de la place.

8. Elles _____ l'avion.

Ex.6   **mettre** を適当に活用しなさい.

1. Vous _____ un chapeau ?

2. Ma fille _____ ses gants sur la chaise.

3. Nous _____ trois heures pour terminer ce travail.

4. Tu _____ du lait ?

5. Ils _____ leur valise dans la salle.

6. La crise économique _____ Henri au chômage.

7. Je _____ deux morceaux de sucre dans mon express.

8. Elles _____ une semaine à lire ce livre.

Ex.7   [総合] 以下の文章を訳しなさい.

1. Ses enfants pleurent facilement.

2. Ta belle-mère est méchante.

3. Son attitude est loin d'être condamnable.

4. On prend ce monument-là pour repère.

5. Tu fais jeune pour ton âge.

6. Ne comprenez-vous pas cette allusion ?

7. Quel âge a ton frère ? — Il n'a que 3 ans.

8. Quels sont vos projets d'avenir ? — Je ne sais pas encore.

9. Quel beau temps !

10. Vous êtes combien ? — Nous sommes trois.

11. Combien je suis heureuse !

12. Elle habite à quel étage ? — Elle habite au rez-de-chaussée.

13. Cet après-midi, à quelle heure finit ton cours ? — Il finit à 3 heures.

14. Comment trouvez-vous cette chemise blanche ?

15. En France, à l'école, on apprend ce poème par cœur.

16. Jean fait souvent pleurer sa petite amie.

UNITÉ 6

疑問代名詞・所有代名詞・
pouvoir · vouloir · devoir · savoir

6-1 疑問代名詞 🔊 33

	主語	直接目的補語・属詞	前置詞との併用
人	qui qui est-ce qui	qui 倒置 qui est-ce que	前置詞 + qui 倒置 前置詞 + qui est-ce que
物	qu'est-ce qui	que 倒置 qu'est-ce que	前置詞 + quoi 倒置 前置詞 + quoi est-ce que

Qui danse ? **Qui est-ce qui** danse ? 主語（人）

Qu'est-ce qui pose un problème ? 主語（物）

Qui cherchez-vous ? **Qui est-ce que** vous cherchez ? 直接目的補語（人）

Que cherchez-vous ? **Qu'est-ce que** vous cherchez ? 直接目的補語（物）

Qui êtes-vous ? 属詞（人）

Qu'est-ce que c'est ? 属詞（物）

Ex.1, Ex.2

De qui parlez-vous ? ⎫
De qui est-ce que vous parlez ? ⎬ 前置詞との併用（人）
A quoi pensez-vous ? ⎫
A quoi est-ce que vous pensez ? ⎬ 前置詞との併用（物）

  ＊疑問代名詞を含む文は，会話などの語調によって，平叙文に類似した語順になることがある.

  Vous êtes **qui** ? Vous parlez **de quoi** ? **De quoi** vous parlez ?

Ex.3

6-2 所有代名詞 🔊 34

男性	女性
le / les mien(s)	la / les mienne(s)
le / les tien(s)	la / les tienne(s)
le / les sien(s)	la / les sienne(s)
le / la / les nôtre(s)	
le / la / les vôtre(s)	
le / la / les leur(s)	

Sa coiffure bouclée ressemble à **la tienne**.
Ce n'est pas son devoir. — C'est **le vôtre**.

  ＊対応する名詞の性・数に一致する.

  ＊ 所有形容詞同様，所有者の生物上の性別と，名詞の文法上の性を混同しない. C'est ta voiture ? — Non, c'est la sienne. で，la sienne は voiture が女性単数名詞であることを示しているのであって，「彼の車」か「彼女の車」かを決定しているのではない.

Ex.4

6-3　pouvoir 🔊 35

〔活　用〕

pouvoir		
je peux (puis)	nous	pouvons
tu peux	vous	pouvez
il peut	ils	peuvent

Tu **peux** fermer les volets ?

Vous **pouvez** apporter votre sandwich.

＊puis は倒置形で使用．Puis-je fumer ?

Ex.5

6-4　vouloir 🔊 36

〔活　用〕

vouloir		
je veux	nous	voulons
tu veux	vous	voulez
il veut	ils	veulent

Voulez-vous du fromage avant le dessert ?

Tu **veux** acheter des bonbons ?

Ex.6

6-5　devoir 🔊 37

〔活　用〕

devoir		
je dois	nous	devons
tu dois	vous	devez
il doit	ils	doivent

Nous **devons** faire nos révisions.

Tu **dois** des explications à tes parents.

Ex.7

6-6　savoir 🔊 38

〔活　用〕

savoir		
je sais	nous	savons
tu sais	vous	savez
il sait	ils	savent

Ils **savent** bien leurs obligations.

Il ne **sait** ni lire ni écrire.

Ex.8

⇨ 総合 **Ex.9**

[EXERCICES]

Ex.1　下線部に適当な疑問代名詞を入れなさい.

1. _____ regardez-vous ?（物）

2. _____ chante ?（人）

3. _____ arrive ?（物）

4. _____ tu regardes dans le jardin ?（物）

5. _____ ne marche pas ?（物）

6. _____ penses-tu de ce livre ?（物）

7. _____ est ce garçon ?（人）

8. _____ elle épouse ?（人）

9. _____ est-ce ?（人）

10. _____ appelez-vous au téléphone si tard ?（人）

Ex.2　返答の文を参照しながら，下線部に適当な疑問代名詞を入れなさい.

1. _____ regardez-vous ? — Je regarde une vieille photo.

2. _____ vous regardez ? — Je regarde une chanteuse française.

3. _____ vous regardez ? — Je regarde les informations à la télé.

4. _____ regardez-vous ? — Je regarde un acteur coréen.

5. _____ parle si fort dans la rue ? — C'est un agent de police.

6. _____ est à l'origine de ce débat à la radio ?

   — C'est la mort d'un jeune homme.

Ex.3　下線部に適当な疑問代名詞を入れなさい.　

1. De _____ parlez-vous ?（人）

2. De _____ parles-tu ?（物）

3. Avec _____ vous passez les vacances ?（人）

4. A _____ pensez-vous ?（物）

5. A _____ tu téléphones ?（人）

6. Sur _____ réfléchis-tu ?（物）

以下の語を所有代名詞で書きかえなさい. [所有代名詞の用法]

例：son crayon → le sien

1. ma chemise
2. nos projets
3. son DVD
4. leurs tableaux
5. mon intérêt
6. ton chèque
7. ta conscience
8. vos immeubles
9. sa colère
10. leur opinion
11. notre quartier
12. votre visage
13. mes études
14. ses médicaments
15. tes paroles

Ex.5 **pouvoir** を適当に活用しなさい. [pouvoir を用いた文]

1. Est-ce que je _____ partir maintenant ?
2. Tu _____ passer chez moi ?
3. _____ -je entrer ?
4. Nous ne _____ pas répondre à vos demandes.
5. Ce briquet _____ encore servir.
6. _____-vous aller à ma place ?

Ex.6 **vouloir** を適当に活用しなさい. [vouloir を用いた文]

1. Du café ? — Oui, je _____ bien merci.
2. Il ne _____ pas dire la vérité.
3. Ma belle-fille _____ quitter Paris.
4. Nous ne _____ pas dîner avant 22 heures.
5. Que _____-tu faire pendant les vacances ?
6. _____-vous encore du cidre ?

Ex.7 **devoir** を適当に活用しなさい. [devoir を用いた文]

1. Tu _____ travailler pour vivre.
2. Tous les hommes _____ mourir.
3. Nous _____ le respect à cet homme.
4. Vous _____ parler avec mon patron.
5. Elle _____ son succès à son directeur.
6. Je _____ combien à Paul ?

Ex.8   **savoir** を適当に活用しなさい.

    1. Tu _____ faire une crêpe bretonne ?

    2. Nous _____ son adresse.

    3. _____ -vous jouer du piano ?

    4. Il ne _____ pas grand-chose d'elle.

    5. Elles _____ parler plusieurs langues étrangères.

    6. Que _____ - je ?

Ex.9   総合 以下の文章を訳しなさい.

    1. Qu'est-ce que vous faites dans la vie ?

    2. Qu'est-ce qui fait peur à sa sœur ?

    3. Que cherchez-vous désespérément dans cette salle ?

    4. Qu'est-ce qu'il est grand, ce gâteau !   On partage ?

    5. Qu'elle nage bien !

    6. Que de choses à faire !

    7. A quoi ça sert ?

    8. Avec quoi mangent les Japonais ? — Ils mangent avec des baguettes.

UNITÉ 7

目的補語・補語人称代名詞・強勢形・命令形・不規則動詞各種

7-1 直接目的補語・間接目的補語

目的補語には，前置詞なしの直接目的補語と，前置詞 à に導かれる間接目的補語がある．

J'aime **Marie**.　Marie は直接目的補語

Je téléphone **à Marie**.　Marie は間接目的補語

Cf. Marie est étudiante. では，étudiante は属詞．主語の状態・性質を表す．

Ex.1

7-2 補語人称代名詞　◀)) 39

主語	直接目的補語	間接目的補語
je	**me (m')**	
tu	**te (t')**	
il	**le (l')**	**lui**
elle	**la (l')**	
nous	**nous**	
vous	**vous**	
ils	**les**	**leur**
elles		

Elle **la** regarde. ← Elle regarde **la vitrine**.

Je **les** donne à Marie. ← Je donne **ces poupéss** à Marie.

Je **lui** donne ces poupées. ← Je donne ces poupées **à Marie**.

Il **leur** obéit. ← Il obéit **à ses parents**.

Ex.2

補語人称代名詞を含む文の否定と倒置

Elle ne **m'**aime pas.　否定　　　　　　**M'**aime-t-elle ?　倒置

Ne **m'**aime-t-elle pas ?　否定倒置

Ex.3

補語人称代名詞の語順 🔊 40

直接目的補語 le / la / les と間接目的補語 me / te / nous / vous / lui / leur を併用する際，語順は以下の表に従う.

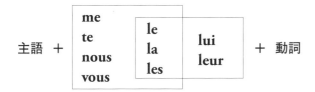

主語 ＋

| me
te
nous
vous | le
la
les | lui
leur |

＋ 動詞

Tu m'offres cette robe ? — Oui, je **te l'**offre.
Vous lui donnez un bouquet ? — Oui, je **le lui** donne.

Ex.4, Ex.5

7-3　人称代名詞の強勢形 🔊 41

強勢形	moi	toi	lui	elle	nous	vous	eux	elles
主語人称代名詞	je	tu	il	elle	nous	vous	ils	cllcs

Moi, je viens ce soir.　Et **toi** ?

Vous allez chez **eux** avec **nous**.

Allô ?　Ah, c'est **toi** Paul ?

Ex.6

7-4　命令法 🔊 42

arrêter
arrête (← tu arrêtes)
arrêtons (← nous arrêtons)
arrêtez (← vous arrêtez)

finir
finis (← tu finis)
finissons (← nous finissons)
finissez (← vous finissez)

aller
va (← tu vas)
allons (← nous allons)
allez (← vous allez)

＊主語を省く. 2 人称単数が -es で終わるものと vas < aller は，語末の s を落とす.

特殊な命令法 🔊 43

avoir :   aie (tu), ayons (nous), ayez (vous)

être :   sois (tu), soyons (nous), soyez (vous)

savoir :   sache (tu), sachons (nous), sachez (vous)

vouloir :   veuille (tu), veuillons / voulons (nous), veuillez (vous)

Ayez confiance dans la technologie.

Sois tranquille !

Sachez bien que c'est important pour vous.

Ex. 7

否定命令

ne + 動詞 + pas

Ne dors **pas** ici !

N'ayez **pas** peur.

人称代名詞を含む命令

肯定 | 動詞 + 人称代名詞 (直接目的 + 間接目的) |

Cherchez-**le**.

Montrez-**la-moi**.

Donne-**les-leur**.

否定 | ne + 人称代名詞 + 動詞 + pas |

Ne **le** cherchez pas.

Ne **me** la montrez pas.

Ex. 8

7-5 不規則動詞各種

〔活　用〕

lire 🔊 44

je lis	nous lisons
tu lis	vous lisez
il lit	ils lisent

écrire 🔊 45

j' écris	nous écrivons
tu écris	vous écrivez
il écrit	ils écrivent

entendre 🔊 46

j' entends	nous entendons
tu entends	vous entendez
il entend	ils entendent

dire 🔊 47

je dis	nous disons
tu dis	vous di**tes**
il dit	ils disent

＊attendre, répondre なども同じタイプ

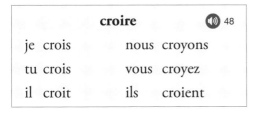

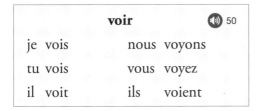

Ex.9

【EXERCICES】

Ex.1　動詞の性質に留意しながら，必要があれば前置詞 **à** を入れなさい.

[直接目的補語と間接目的補語]

1. Il parle _____ mon grand-père.

2. J'écris très souvent _____ mes parents. (écris < écrire)

3. Il écrit _____ son nom sur sa valise.

4. Tu donnes _____ ce cadeau _____ ta mère.

5. Nous envoyons _____ ce colis _____ notre grand-père.

6. Elle prête _____ sa voiture _____ sa sœur.

7. On promet _____ un poste _____ mon mari.

8. Elle montre _____ son anneau de fiançailles _____ sa nièce.

Ex.2　カッコ内の語を人称代名詞になおしなさい.　　　[補語人称代名詞の基礎的用法]

例：il regarde（彼女を：直接目的補語）→ il la regarde

1. il finit（それらを：直・目）　　　　2. elle dit（私に：間・目）

3. elle parle（彼に：間・目）　　　　4. j'aime.（あなたを：直・目）

5. nous écrivons（君に：間・目）　　6. vous dites（私たちに：間・目）

7. ils aident（君を：直・目）　　　　8. nous détestons（あなたを：直・目）

9. tu téléphones（彼女らに：間・目）　10. je nourris（彼らを：直・目）

Ex.3　下線部を人称代名詞に直して全文を書きかえなさい.

［否定・倒置を伴う補語人称代名詞の用法］

1. J'achète cet appartement.
2. Nous pensons sans cesse à notre fils défunt.
3. On ne raconte pas cette histoire à nos enfants.
4. Mon père finit son travail à 5 heures.
5. La concierge nettoie l'immeuble le samedi.
6. A Tokyo, les gens parlent peu à leurs voisins.
7. Mes petits frères n'aiment pas leur beau-père.
8. Elle ne connaît pas mon ex-copain. (connaît < connaître)
9. Je ne vois pas souvent Vincent. (vois < voir)
10. Est-ce qu'elle n'écrit pas à son mari ?
11. Prenez-vous ce plat ?
12. Apportez-vous ce dossier demain ?
13. Nous ne recevons pas les Dupont ce soir. (recevons < recevoir)
14. Ne ressemblez-vous pas à votre mère ?
15. Cette usine n'appartient-elle pas à votre famille ?

Ex.4　例にならって，カッコ内の語を人称代名詞に書きかえなさい.

［直接／間接補語人称代名詞の併用］

例：il montre（それ〈男・単〉を・私に）　→　il me le montre

1. je raconte（それら〈女・複〉を・彼女らに）　2. tu demandes（それ〈女・単〉を・私に）
3. nous proposons（それら〈男・複〉を・彼に）　4. ils indiquent（それら〈女・複〉を・あなたに）
5. elle présente（彼を・君に）　　　　　　6. vous expliquez（それ〈女・単〉を・彼らに）
7. il conseille（彼女を・君に）　　　　　　8. elles recommandent（彼らを・私たちに）

Ex.5　下線部を人称代名詞で置きかえ，肯定と否定で答えなさい.

［応答文での補語人称代名詞の用法］

1. Est-ce que tu me donnes ton numéro de téléphone ?
   — Oui, je _____.
   — Non, je _____.
2. Est-ce que je t'apporte ton ordinateur ?
   — Oui, tu _____.
   — Non, tu _____.

3. Est-ce qu'elle vous prête <u>sa moto</u> ?

     — Oui, elle _____.

     — Non, elle _____.

4. Montrez-vous <u>vos photos</u> à <u>Agnès</u> ?

     — Oui, je _____.

     — Non, je _____.

5. Présentent-ils <u>leurs parents</u> à <u>mes amis</u> ?

     — Oui, ils _____.

     — Non, ils _____.

Ex.6   下線部に適当な人称代名詞の強勢形を入れなさい.   ［人称代名詞の強勢形］

1. Si tu ne viens pas, _____ non plus, je ne viens pas.

2. Cet acteur nous plaît beaucoup. Nous parlons souvent de _____.

3. Ce soir, tes sœurs vont au concert. Tu veux aller avec _____ ?

4. Tu viens, _____ aussi ?

5. _____, tu restes à la maison. _____, je vais au café.

6. Tu pars avec elle ? Et _____, qu'est-ce que je vais faire toute seule ?

7. Paul vient avec nous ? — Non, il reste chez _____ avec sa mère.

8. Mes amis ? Je ne sors jamais sans _____.

Ex.7   主語に応じた命令文に書きかえなさい.   ［肯定命令文］

1. Tu regardes ce joli paysage.

2. Nous entrons dans cette boutique.

3. Tu choisis rapidement.

4. Vous mettez vos mains ici.

5. Nous commençons à préparer le repas.

6. Vous avez du courage.

7. Tu remplis ce questionnaire.

8. Nous réussissons à l'examen.

9. Tu sais que je pense toujours à toi.

10. Vous voulez consulter le médecin.

11. Nous partons séparément.

12. Vous accomplissez votre tâche.

13. Tu fais attention à tes paroles.

14. Nous prenons du café.

15. Tu es sage, ma chérie.

16. Vous êtes correctes avec vos adversaires.

Ex.8　主語に応じた命令文に書きかえなさい.　　　　[否定・補語人称代名詞を含む命令文]

1. Tu n'allumes pas la lumière.

2. Vous ne dites pas n'importe quoi.

3. Nous ne dormons pas dans la bibliothèque.

4. Vous ne laissez pas votre voiture ici.

5. Tu m'appelles.

6. Vous lui rendez de l'argent.

7. Tu ne le critiques plus.

8. Vous ne lui téléphonez pas.

9. Vous me laissez tranquille.

Ex.9　以下の不規則動詞を活用し, 下線部を埋めなさい.　　　[不規則動詞を用いた文]

1. connaître : Il _____ bien les animaux.

2. écrire : Nous _____ quelques mots avec un stylo.

3. recevoir : Cet acteur _____ beaucoup de lettres de ses fans.

4. voir : Je _____ qu'elle a raison.

5. écrire : Elle m'_____ une fois par semaine.

6. lire : Quel journal _____-vous ?

7. entendre : Allô ？ Tu m'_____ ?

8. recevoir : Ils _____ un bon salaire.

9. entendre : Qu'est-ce que vous _____ par là ?

10. connaître : Nous _____ le jour de son arrivée.

11. croire : Je la _____ plus âgée.

12. voir : Le médecin _____ un malade.

13. croire : Nous _____ qu'il y a des problèmes.

14. dire : On _____ qu'il ne pleut pas beaucoup cette année.

15. lire : Nous _____ un conte à nos enfants.

16. dire : _____-moi quand vous partez.

UNITÉ 8 | 過去分詞・複合過去

8-1 過去分詞 🔊 52

〔活　用〕

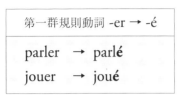

第一群規則動詞 -er → -é
parler → parl**é**
jouer → jou**é**

第二群規則動詞 -ir → -i
finir → fin**i**
obéir → obé**i**

＊不規則動詞の過去分詞

être → été　avoir → eu　aller → allé　venir → venu　faire → fait
prendre → pris　mettre → mis　pouvoir → pu　vouloir → voulu
dire → dit　écrire → écrit　lire → lu　etc.

Ex.1

8-2 複合過去 🔊 53

〔活　用〕

chanter			
j' ai chanté		nous avons chanté
tu as chanté		vous avez chanté
il a chanté		ils ont chanté

arriver			
je suis arrivé(**e**)		nous sommes arrivé(**e**)**s**
tu es arrivé(**e**)		vous êtes arrivé(**e**)(**s**)
il est arrivé		ils sont arrivé**s**
elle est arriv**ée**		elles sont arriv**ées**

＊avoir / être の現在＋過去分詞
＊être の時のみ過去分詞は主語の性・数に一致する.
＊être を用いるのは一部の自動詞に限る

aller (allé)　　venir (venu)　　partir (parti)　　arriver (arrivé)
sortir (sorti)　entrer (entré)　monter (monté)　descendre (descendu)
naître (né)　　mourir (mort)　rester (resté)　　tomber (tombé)　etc.

Ex.2

〔用 法〕

完了・過去における経験 (〜した・〜したことがある) 🔊 54

Il **a fait** ses devoirs.

Elles **sont** souvent **allées** en Allemagne.

Ex.3

複合過去の否定と倒置

否定：avoir / être を ne … pas ではさむ.

　　　Il **n'a pas** vu ses parents.

　　　Nous **ne** sommes **pas** sorti(e)s hier.

倒置：avoir / être を主語人称代名詞と倒置する.

　　　Es-tu allé(e) en Suisse ?

　　　Ce voyage **a-t-il** été intéressant ?

Ex.4

⇨ 総合 **Ex.5, Ex.6**

[EXERCICES]

Ex.1 　動詞を過去分詞にしなさい. ＊8) 以降は不規則動詞　　　　　[過去分詞の形態]

　　　　1. trouver _____　　2. regarder _____

　　　　3. donner _____　　4. travailler _____

　　　　5. choisir _____　　6. agir _____

　　　　7. réussir _____　　8. dormir _____

　　　　9. promettre _____　　10. comprendre _____

　　　　11. devoir _____　　12. descendre _____

　　　　13. savoir _____　　14. lire _____

　　　　15. rire _____　　16. revenir _____

Ex.2 　動詞を複合過去に活用しなさい.　　　　　　　　　　　　　[複合過去の活用]

　　　　1. entrer　　2. finir　　3. prendre　　4. rentrer　　5. naître

Ex.3 　動詞を複合過去に活用し，下線部を埋めなさい.　　　　　　[複合過去の文]

　　　　1. jouer :　　　　Ils _____ aux cartes.

2. aller :   Je _____ à la piscine.

3. être :   Nous _____ en Angleterre.

4. donner :   Vous _____ un bouquet à Sophie.

5. travailler :   Tu _____ les mathématiques.

6. partir :   On _____ avant le jour.

7. rester :   Elle _____ dans son lit toute la journée.

8. monter :   Elles _____ au premier étage.

9. tomber :   Elle _____ sur le dos.

10. réfléchir :   Tu _____ bien _____ sur cet achat ?

Ex.4 以下の文を複合過去に書きかえなさい. [否定・倒置を含む文の複合過去への書きかえ]

1. sonner :   Mon réveil ne sonne pas ce matin.

2. partir :   Véronique ne part pas au Canada cet été.

3. être :   Elle n'est jamais en retard.

4. parler :   Parlez-vous du dernier film de Kitano ?

5. changer :   La situation change-t-elle favorablement ?

Ex.5 [総合] 以下の文を複合過去に書きかえなさい.   [複合過去への総合的な書きかえ]

1. prêter :   Elle me prête son cahier pendant la classe.

2. dire :   Marie te dit-elle la vérité?

3. pouvoir :   Je ne peux pas répondre à son enquête.

4. vouloir :   Ils veulent sortir tout de suite.

5. devoir :   On doit rester à la maison à cause de la pluie.

6. avoir :   Quelques accidents ont lieu sur ce carrefour.

7. écrire :   Tu lui écris fréquemment?

8. écouter :   Vous n'écoutez pas ce morceau de Mozart?

9. descendre :   Nous descendons de voiture à la hâte.

10. finir, gagner :   Le match de foot finit bien: le Japon gagne.

Ex.6 [総合] 以下の文章を訳しなさい.

1. Tu as l'air fatigué. Tu n'as pas bien dormi ? As-tu trop travaillé ?

2. J'ai lu plusieurs livres sur ce peintre. Pourtant aucun auteur n'a mentionné ses œuvres de jeunesse.

3. Shakespeare est né le 23 avril 1564 et mort le même jour de l'année 1616.

UNITÉ 9 　受動態・非人称の il

9-1　受動態 🔊 55

〔活 用〕

aimer					
je	suis	aimé(**e**)	nous	sommes	aimé(**e**)**s**
tu	es	aimé(**e**)	vous	êtes	aimé(**e**)(**s**)
il	est	aimé	ils	sont	aimé**s**
elle	est	aimé**e**	elles	sont	aimé**es**

＊être＋過去分詞［＋par / de ...「動作主」］

＊過去分詞は主語の性・数に一致する.

Ex.1

〔用 法〕

Le malade **est soigné par** le médecin. ← Le médecin soigne le malade.

Cette actrice **est aimée de** tout le monde. ← Tout le monde aime cette actrice.

Ces produits **sont fabriqués** en Espagne. ← On fabrique ces produits en Espagne.

＊一般に par を用い,「状態」「感情」を表すときは de を用いることが多い.

＊par / de ...（〜によって）が明示されない時もある.

Ex.2

受動態の複合過去 🔊 56

〔活 用〕

aimer					
j'	ai été aimé(**e**)		nous	avons été	aimé(**e**)**s**
tu	as été aimé(**e**)		vous	avez été	aimé(**e**)(**s**)
il	a été aimé		ils	ont été	aimé**s**
elle	a été aimé**e**		elles	ont été	aimé**es**

＊avoir ＋ été ＋ 過去分詞

（複合過去）（受動態）

＊過去分詞は主語の性・数に一致する.

Le malade **a été soigné** par le médecin.

Cette actrice **a été aimée** de tout le monde.

Ces produits **ont été fabriqués** en Espagne.

Ex.3, Ex.4

受動態と複合過去

受動態と一部自動詞の複合過去は，ともに être＋過去分詞を用いるが，動詞の性質の違いにより両者の混同は生じ得ない．

Je **suis photographiée** par mon copain. 受動態（現在）：photographier は他動詞なので受動態になる．「撮影する」 → 「撮影される」

Je **suis allée** à la plage. 複合過去：aller は自動詞なので受動態にならない．「行く」 → 「~~行かれる~~」

Ex.5

9-2 非人称の il 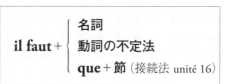 57

〔用 法〕

il faut＋	名詞
	動詞の不定法
	que＋節（接続法 unité 16）

Il faut un dictionnaire.
Il faut consulter un dictionnaire.
Il faut que tu consultes un dictionnaire.

il y a＋名詞

Il y a de la confiture dans le pot.

il est … de＋不定法
il est … que＋節

Il est nécessaire **d'**exprimer son avis.
Il est évident **qu'**il ne travaille pas.

天候 58

Quel temps fait-il ?

— Il fait beau. / Il fait gris. / Il fait mauvais. / Il fait chaud. / Il fait froid. / Il pleut. / Il neige.　etc.

時刻 59

Quelle heure est-il ?

— Il est huit heures dix. / Il est sept heures et demie. / Il est trois heures et quart. / Il est onze heures moins le quart. / Il est midi. / Il est minuit.　etc.

その他 60

Il vous reste trois minutes.

Il est arrivé un accident incroyable.　etc.

Ex.6

Ex.1　動詞を受動態（現在）に活用しなさい.　　　　　　　　　[受動態（現在）の活用]

1. respecter　　　2. intéresser　　　3. suivre　　　4. émouvoir

Ex.2　下線部を埋めて, 受動態（現在）の文を完成させなさい.　　[受動態（現在）の文]

1. inviter :　　Sa sœur ＿＿＿＿＿ ＿＿＿＿＿ à une soirée par Philippe.

2. apprécier :　Ces romans ＿＿＿＿＿ ＿＿＿＿＿ au Japon.

3. élever :　　Ces enfants ＿＿＿＿＿ ＿＿＿＿＿ par le prêtre.

4. arrêter :　　Le voleur ＿＿＿＿＿ ＿＿＿＿＿ par la police.

5. remplir :　　Le stade ＿＿＿＿＿ ＿＿＿＿＿ de spectateurs.

6. respecter :　Cette joueuse de tennis ＿＿＿＿＿ ＿＿＿＿＿ de ses camarades.

7. occuper :　　Cette place ＿＿＿＿＿ ＿＿＿＿＿ par quelqu'un d'autre.

8. conduire :　Cette voiture ＿＿＿＿＿ ＿＿＿＿＿ par son père.

9. connaître :　Le nom de cette chanteuse n'＿＿＿＿＿ pas ＿＿＿＿＿ du grand public.

10. lire :　　Ces journaux ne ＿＿＿＿＿ pas ＿＿＿＿＿ par les jeunes.

Ex.3　受動態（現在）の文を複合過去にしなさい.　　　　　[受動態複合過去への書きかえ]

1. L'Europe est dominée par Napoléon.

2. Les verres sont remplis de champagne.

3. Je suis surprise de ces cadeaux.

4. Ce film est tourné par un jeune réalisateur.

5. Ces projets sont présentés par le directeur en personne.

Ex.4　下線部を主語にして受動態の文に書きかえなさい．　[受動態への総合的な書きかえ]

 1. De nombreux touristes visitent ce musée.

 2. Le président choisit le premier ministre.

 3. Jean conduit cette moto.

 4. On raconte souvent cette histoire.

 5. Mes collègues t'estiment.

 6. Les jeunes filles n'aiment pas cette émission.

 7. Cette nouvelle m'encourage.

 8. On a oublié cet accident.

 9. Ont-elles remarqué ces erreurs ?

 10. Les hommes modifient-ils la nature ?

 11. On l'a nommée directrice commerciale.

Ex.5　受動態の文であるか否かを明確にしながら訳しなさい．　[受動態の識別]

 1. Nous sommes invités à dîner.

 2. On est partis en Asie.

 3. J'ai été présentée à sa famille.

 4. La question n'est toujours pas résolue.

 5. Sont-ils revenus de l'école ?

 6. L'hiver dernier, nous avons été à Rome.

Ex.6　il が非人称であるか否かを明確にしながら訳しなさい．　[非人称 il の識別]

 1. Il est vraiment agréable de parler avec toi.

 2. Il m'est arrivé bien des incidents imprévus.

 3. Il a été intéressé par votre proposition.

 4. Existe-t-il des inégalités sociales dans ce pays-là ?

 5. Il est ému par les larmes de sa petite amie.

 6. Dans ce livre, il s'agit de la grammaire française.

UNITÉ 10 | 代名動詞

10-1 代名動詞 🔊 61

〔活 用〕

se lever	
je me lève	nous nous levons
tu te lèves	vous vous levez
il se lève	ils se lèvent

＊倒置は，te lèves-tu, se lève-t-il, nous levons-nous …

Ex.1

〔用 法〕

Elle **se regarde** dans la glace.　再帰的用法（自分自身を～する）

Ils **s'aiment** passionnément.　相互的用法（互いに～する：主語は複数か on）

Ce vin **se sert** frais.　受動的用法（～される：主語は物）

Vous **vous souvenez** de lui ?　本質的用法（熟語としての性質が強い）

Ex.2

代名動詞の複合過去 🔊 62

〔活 用〕

se lever	
je me suis levé(**e**)	nous nous sommes levé(**e**)s
tu t'es levé(**e**)	vous vous êtes levé(**e**)(**s**)
il s'est levé	ils se sont levé**s**
elle s'est levé**e**	elles se sont levé**es**

＊se ＋ être ＋過去分詞：常に être を用いる.

＊倒置は，t'es-tu levé(e), s'est-il levé, nous sommes-nous levé(e)s …

＊再帰代名詞 (me, te, se, nous, vous) が直接目的補語の時，過去分詞は主語の性・数に一致する.

Elle **s'est levée** très tôt ce matin.（se は直接）

Elle **s'est demandé** la cause de cet accident.（se は間接）

Ex.3, Ex.4

代名動詞の命令文

肯定命令：動詞の命令法＋人称代名詞の強勢形

Réveille-toi immédiatement.

Dépêchons-nous.

Couchez-vous.

否定命令：主語を省き，語順は平叙文と同じ．

Ne te moque pas de ton frère.

Ne nous parlons plus de cet échec.

Ne vous arrêtez pas.

Ex.5

⇨ 総合 **Ex.6**

[EXERCICES]

Ex.1 代名動詞を現在に活用しなさい． [代名動詞（現在）の活用]

1. se demander   2. s'intéresser   3. se sentir   4. s'inscrire   5. s'entendre

Ex.2 代名動詞を現在に活用しなさい． [代名動詞（現在）の文]

1. Je (se marier) bientôt.

2. Comment (s'appeler)-tu ?

3. Ce dialecte (se parler) encore dans quelques régions.

4. Nous (se voir) demain à 20h.

5. Ne (se laver)-vous pas le visage tous les matins ?

6. Ils ne (se rendre) pas compte de leur erreur.

7. On (s'arrêter) là pour aujourd'hui.

8. Ces livres ne (se lire) pas facilement.

9. Quelquefois, nous (se coucher) très tard.

10. Ils (s'en aller) rapidement.

11. Elles (s'écrire) régulièrement.

12. (se réveiller)- nous tôt demain matin ?

13. Il (s'efforcer) d'être gentil avec tout le monde.

14. Vous (s'intéresser) à la culture européenne ?

15. On (s'habituer) à la vie urbaine.

Ex.3　代名動詞を複合過去に活用しなさい. ［代名動詞（複合過去）の活用］

1. s'habiller（se は直接）　　　2. se maquiller（se は直接）
3. se promener（se は直接）　　4. se rappeler（se は間接）

Ex.4　代名動詞を複合過去に活用しなさい. ［代名動詞（複合過去）の文］

1. Je (se servir) de ton nouveau vélo.
2. Ils (s'enfuir) comme des voleurs.
3. Un canard (s'envoler) bruyamment.
4. Tu (se promener) hier soir ?
5. La domestique (se cacher) derrière la porte.
6. (se souvenir-vous) de cette tête ?
7. Elles (se rappeler) leur enfance.
8. Ma sœur (se faire) coiffer pour la soirée.
9. (se couper-elle) les ongles ?
10. Nous (ne se moquer pas) de lui.

Ex.5　命令文に書きかえなさい. ［代名動詞を含む文の命令文への書きかえ］

1. Tu te rases soigneusement.
2. Tu te brosses les dents.
3. Nous nous habillons tout de suite.
4. Vous vous amusez bien.
5. Tu te laves bien les mains.
6. Nous ne nous méfions pas de lui.
7. Vous ne vous approchez pas des zones dangereuses.
8. Nous ne nous disputons pas pour le moment.

Ex.6 総合 以下の文章を訳しなさい.

1. La première fois que je suis venue à Tokyo, je me suis complètement perdue. Troublée, sans savoir ce que j'avais à faire, je me suis assise sur un banc du parc d'Ueno jusqu'au soir.

2. La semaine dernière, Elodie s'est rendue à Paris et s'est inscrite à l'Université de Paris IV. Mais, depuis, elle n'est pas allée aux cours, parce qu'elle ne s'est jamais levée le matin. Elle n'est pas très matinale.

3. Les sacs Louis Vuitton se vendent bien au Japon. Malgré la crise économique que traverse le pays, ce phénomène de mode dure depuis plusieurs années.

＊1. la première fois que … : はじめて〜のとき
sans savoir ce que j'avais à faire : なにをすべきかわからずに
＊que traverse le pays : la crise économique を修飾する関係代名詞節.（関係代名詞 unité 11）

UNITÉ 11 関係代名詞・強調構文・中性代名詞

11-1 関係代名詞

qui 関係詞節の主語になる．先行詞は人・物． 🔊 63

Je connais une voisine **qui** est institutrice dans une école.

Nous avons acheté des tulipes **qui** vont bientôt s'épanouir.

que 関係詞節の直接目的補語になる．先行詞は人・物． 🔊 64

Le menu **que** j'ai choisi n'est pas si bon.

Ozu est un des cinéastes japonais **que** l'on estime beaucoup.

Ex.1

過去分詞と直接目的補語の性・数の一致

過去分詞は先行する直接目的補語の性・数に一致する．

Les chaussures que tu as achet**ées** hier sont trop étroites.
　（女・複）

Elle a vu cette émission ? — Oui, elle l'a vu**e**.
　　　　　　　　　　　　（女・単）

Ex.2

où 先行詞は「時」「場所」． 🔊 65

C'est le quartier **où** il a vécu son adolescence.

C'est le jour **où** il a pris conscience de son talent.

＊関係節内の主語がある程度以上の長さがある場合，動詞との倒置が起きることが多い．

On va arriver à Reims où se trouve **la célèbre cathédrale**.

Ex.3

dont 先行詞は de を含む名詞句． 🔊 66

C'est un incident **dont** on parle souvent en ce moment. (← parler **de l'incident**)

J'ai un copain **dont** le fils est joueur de tennis. (← le fils **du copain**)

Ex.4

前置詞 + **qui / quoi** 🔊 67

Ce sont des amis **avec qui** je vais partir en voyage.

C'est quelque chose **à quoi** je ne peux pas consentir.

> *前置詞 + quoi の場合，先行詞は ce, rien, chose, point, sujet などの漠然とした意味を持つ
> 語，または前文の内容などに限定される.
>
> Voilà le journal dans ~~quoi~~ (→ lequel) j'ai lu cet événement.

Ex.5

lequel / lesquels / laquelle / lesquelles   先行詞（人・物）の性・数に一致する.

🔊 68

C'est la raison pour **laquelle** j'ai quitté mon travail.

Il est difficile d'imaginer le milieu dans **lequel** il a vécu avant de rencontrer le succès.

> *à / de + lequel / lesquels / lesquelles では縮約が起こる.
>
> Un enquêteur m'a posé des questions **auxquelles** je n'ai pas su répondre.
>
> *前置詞 + qui（人）は，原則，前置詞 + **lequel / laquelle / lesquels / lesquelles** で言いか
> えることができる.
>
> Ce sont des amis avec [qui / lesquels] je vais partir en voyage.

Ex.6

ce + **qui / que / dont**   🔊 69

Ce qui m'intéresse surtout, c'est la manière dont tu racontes les histoires.

Ecoutez bien **ce que** je vais vous dire.

Ce n'est pas **ce dont** il s'agit.

Ex.7

11-2 強調構文 70

Mon frère a acheté cet ordinateur à la FNAC hier.

→ C'est **mon frère** qui a acheté cet ordinateur à la FNAC hier.

→ C'est **cet ordinateur** que mon frère a acheté à la FNAC hier.

→ C'est **à la FNAC** que mon frère a acheté cet ordinateur hier.

→ C'est **hier** que mon frère a acheté cet ordinateur à la FNAC.

> *C'est … qui / que … 強調される「人・物」が従属節の主語になっている場合のみ qui を
> 用いる.

Ex.8

11-3 中性代名詞

| en | de＋名詞，数量を表す名詞，特定されていない名詞を受ける． 🔊 71 |

Il t'a parlé de son mariage ? — Non, il ne m'**en** a pas parlé.

Tu bois du vin ? — Oui, j'**en** bois (un peu, beaucoup …).

Avez-vous vu quelques films de Godard ?

  — Oui, j'**en** ai vu (quelques-uns, plusieurs …).

Avez-vous des frères ? — Oui, j'**en** ai (un, deux …). / Non, je n'en ai pas.

| y | à＋名詞（原則「物」），「場所」の表現を受ける． 🔊 72 |

Tu penses à cet accident ? — Oui, j'**y** pense toujours.

Elle va en France cet été ? — Oui, elle **y** va.

Cf. Ça plaît à ta mère ? — Oui, ça lui plaît.

| le | 属詞，不定法，節を受ける． 🔊 73 |

Êtes-vous contente ? — Non, je ne **le** suis pas.

Je ne vais pas à la réunion, car je ne **le** veux pas.

Tu sais qu'elle est toujours malade ? — Oui, je **le** sais.

Ex.9

⇨ 総合 Ex.10

[EXERCICES]

Ex.1 下線部を **qui / que** のいずれかで置きかえ，一文に書きかえなさい．

[関係代名詞 qui / que の用法]

1. Ce candidat est tendu. <u>Il</u> doit passer un examen oral.
2. On prend un avion. <u>Cet avion</u> va en France sans escale.
3. Le garçon n'est pas si mal. Je viens de rencontrer <u>ce garçon</u>.
4. Il parle avec un homme. <u>Cet homme</u> a un ordinateur portable sous le bras.
5. Le conducteur a bien passé un test. <u>Ce test</u> est très important.
6. Ce sont de très bons amis. Je <u>les</u> connais depuis 20 ans.

Ex.2 性・数の一致に留意しながら，カッコ内の語を必要に応じて書きかえなさい．

［直接目的補語と過去分詞の一致］

1. Les dossiers qu'il a (rédigé) ont été perdus.
2. La carte d'étudiant qu'il m'a (montré) est périmée.
3. On m'a volé la bicyclette que je lui ai (emprunté) hier.
4. Ce sont des chansons qu'elle a (écrit) et qui ont (eu) peu de succès.
5. Le photographe n'oublie jamais les visages qu'il a (pris) en photo.

Ex.3 où を用いて一文にしなさい．

［関係代名詞 où の用法］

1. C'est le jour.　On va au zoo ce jour-là.
2. C'est maintenant.　Il faut faire de son mieux à ce moment.
3. Le bureau n'est pas loin d'ici.　Elle travaille dans ce bureau.
4. Les enfants jouent dans un parc.　Il y a une belle fontaine dans ce parc.

Ex.4 dont を用いて一文にしなさい．

［関係代名詞 dont の用法］

1. Voilà une calculatrice.　Tu as besoin de cette calculatrice.
2. Ce sont des dégâts.　L'importance de ces dégâts est difficile à évaluer.
3. On est arrivé à un résultat.　Le directeur est content de ce résultat.
4. Les pays se situent au Moyen-Orient. Notre pétrole provient de ces pays.

Ex.5 下線部を qui / quoi で置きかえ一文にしなさい．

［前置詞＋qui/quoi の用法］

1. Pierre est un garçon.　On peut compter sur ce garçon.
2. C'est un collègue.　Tous les employés font confiance à ce collègue.
3. Faut-il rejeter le sujet ?　On a longuement débattu sur ce sujet.

Ex.6 下線部を lequel / laquelle / lesquels / lesquelles で置きかえ一文にしなさい．

［lequel / laquelle / lesquels / lesquelles の用法］

1. Mon cousin a apporté une chaise.　On est très mal assis sur cette chaise.
2. Ce sont des affaires.　Mon mari n'a même pas pensé à ces affaires.
3. J'habite dans le bâtiment.　Il y a souvent des bagarres en face de ce bâtiment.
4. Montrez-moi l'encyclopédie.　Cette plante est illustrée dans cette encyclopédie.

Ex.7 **qui / que / dont** のいずれかを入れなさい. [ce qui /ce que / ce dont の用法]

1. Je ne comprends pas ce _____ intéresse les auditeurs.
2. Je ne comprends pas ce _____ parlent les auditeurs.
3. Je ne comprends pas ce _____ disent les auditeurs.
4. Voulez-vous m'expliquer ce _____ vous venez de faire ?
5. Il faut jeter tout ce _____ on n'a pas besoin.
6. Ces parents laissent leurs enfants faire tout ce _____ ils veulent.
7. Léon ne marche pas encore, ce _____ est tout à fait normal pour un enfant de son âge.
8. Ce _____ est difficile, c'est de motiver les étudiants.

Ex.8 下線の語をそれぞれ強調する文に書きかえなさい. [強調構文]

1. <u>Paul</u> part <u>en Italie</u> <u>demain matin</u>.
2. <u>Il</u> a écrit <u>ce reportage</u> <u>durant son voyage</u>.
3. <u>Les relations Est-Ouest</u> se sont radicalement modifiées <u>depuis la chute du mur de Berlin</u>.

Ex.9 下線部を中性代名詞になおして全文を書きかえなさい.

[中性代名詞を用いての書きかえ]

1. Elle n'est pas encore <u>médecin</u>.
2. Tu vas <u>au Louvre</u> ?
3. Je ne sais pas <u>ce qu'elle pense de cette affaire</u>.
4. Nous sommes sûres <u>de son retour</u>.
5. Vous avez envie <u>d'aller aux Etats-Unis</u> ?
6. J'ai besoin <u>de ce manuel</u>.
7. Il est <u>heureux</u> depuis hier.
8. Ils ne s'attendent pas <u>à ce résultat</u>.
9. Nous revenons <u>d'Orléans</u>.
10. Elle habite <u>dans ce studio</u>.
11. Je veux <u>venir avec vous</u>.
12. A-t-il répondu <u>à cette lettre</u> ?
13. Est-il content <u>de cette situation</u> ?
14. Ne croyez-vous pas <u>à son innocence</u> ?

Ex.10 総合 以下の文を訳しなさい.

1. La maison où est née ma mère se trouve dans une rue qui traverse la ville. Cette maison dont j'ai vu autrefois les photos m'a frappée par son décor très classique.

2. Au hasard d'une promenade, elle est tombée sur une pharmacie dans laquelle elle a trouvé un médicament dont elle avait absolument besoin mais qu'elle n'a pas pu trouver dans le quartier où elle habite. Elle était tellement heureuse qu'elle s'est dit : « C'est mon père défunt qui m'a guidée jusqu'ici. »

   ＊2. avait ＜ avoir, était ＜ être それぞれ「半過去」. ここでは「過去」の意味で訳してよい.

UNITÉ 12 | 比較級・最上級

12-1 比較級 🔊 74

形容詞・副詞の比較級

$$\begin{bmatrix} \text{plus} \\ \text{aussi} \\ \text{moins} \end{bmatrix} + \boxed{\begin{matrix} \text{形容詞} \\ \text{副詞} \end{matrix}} \quad [\;+\;\text{que ...}\;「比較の対象」]$$

Sophie est $\begin{bmatrix} \text{plus} \\ \text{aussi} \\ \text{moins} \end{bmatrix}$ grande **que** son frère.

Eric marche $\begin{bmatrix} \text{plus} \\ \text{aussi} \\ \text{moins} \end{bmatrix}$ vite **que** sa sœur.

＊比較の対象を表す que ... が明示されない時もある.

Il fait plus chaud aujourd'hui [qu'hier].

Reviens un peu plus tard.

Ex.1

名詞の比較級

$$\begin{bmatrix} \text{plus} \\ \text{autant} \\ \text{moins} \end{bmatrix} + \text{de} + \text{無冠詞名詞} \;[\;+\;\text{que ...}]$$

J'ai $\begin{bmatrix} \text{plus} \\ \text{autant} \\ \text{moins} \end{bmatrix}$ de timbres que mon frère.

Ex.2

12-2 最上級 🔊 75

形容詞・副詞の最上級

$$\boxed{\text{le / la / les}} + \boxed{\begin{matrix} \text{plus} \\ \text{moins} \end{matrix}} + \text{形容詞} \;[\;+\;\text{de ...}\;「比較の対象」]$$

$$\boxed{\text{le}} + \boxed{\begin{matrix} \text{plus} \\ \text{moins} \end{matrix}} + \text{副詞} \;[\;+\;\text{de ...}]$$

Sophie est | **la plus** | intelligente **de** sa classe.
| **la moins** |

Sophie est l'élève | **la plus** | intelligente **de** sa classe.
| **la moins** |

C'est Sophie qui court | **le plus** | vite **de** sa classe.
| **le moins** |

＊形容詞の最上級では，定冠詞は形容詞が修飾する名詞の性・数に一致する．副詞では一致はなし．

＊比較の対象を示す de … が明示されない時もある．

名詞の最上級

le + | **plus de** | + 無冠詞名詞
| **moins de** |

C'est aux courses qu'il gagne le plus d'argent.

C'est ce fabricant qui reçoit le plus de réclamations dans ce secteur d'activité.

Ex.3

特殊な比較級を持つ形容詞・副詞 🔊 76

bon(ne)(s) / **meilleur(e)(s)**   bien / **mieux**

Cette méthode est **meilleure** qu'une méthode classique.

C'est **le meilleur** livre de l'année.

Elodie danse **mieux** que personne.

C'est donc Elodie qui danse **le mieux** de son équipe.

petit(e)(s) / **moindre(s)**   mauvais(e)(s) / **pire(s)**

＊moindre, pire とも，plus petit(e)(s), plus mauvais(e)(s) に比べて抽象的・比喩的な意味を持つ傾向がある．

La douleur est **moindre** que prévu.   痛みが「より小さい」→「症状が軽い」

Mon chien est plus petit que ton chat.   寸法が「より小さい」

Le tabac est **pire** que l'alcool.　　　　健康に「より悪い」→「害がある」

Elle a une vue plus mauvaise que sa mère.　視力が「より悪い」

Ex.4

⇨ 総合 **Ex.5**

[EXERCICES]

Ex.1　　比較級の文に書きかえなさい.　　　　　　　　　　　　　［形容詞・副詞の比較級］

例：Céline est douce.　(Céline > Claire)

　　　→ Céline est plus douce que Claire.

1. Il est lourd.　(il > Paul)

2. Vous êtes instruite.　(vous = ma petite sœur)

3. La vie en France est chère.　(la vie en France < la vie au Japon)

4. Elle est forte.　(elle = sa sœur)

5. Aujourd'hui, l'eau est froide.　(aujourd'hui < hier)

6. Pierre choisit lentement sa chemise.　(Pierre = Aurélie)

7. Nous allons souvent au cinéma.　(nous = mes parents)

8. Les Français parlent vite.　(les Français > les Suisses)

9. Ce projet est prometteur.　(ce projet > le tien)

10. Elle semble fatiguée.　(elle = son mari)

11. Je t'écris souvent.　(je t'écris < tu m'écris)

Ex.2　　カッコ内の指示に従って比較級の文に書きかえなさい.　　　［名詞の比較級］

1. J'ai des examens.　(je = mon frère)

2. Mes parents ont des enfants.　(mes parents > mes voisins)

3. Ma sœur a des soucis.　(ma sœur < son amie)

4. Mon grand-père a des CD.　(mon grand-père = mon père)

Ex.3　　2種類 (plus / moins) の最上級の文に書きかえなさい.

［形容詞・副詞・名詞の最上級］

例：Voici un bar original.　(la ville)

　　　→ Voici le bar le plus original de la ville.

　　　→ Voici le bar le moins original de la ville.

1. Notre appartement est cher.　(le quartier)

2. Nous sommes bronzées.　(la classe)

3. Cette chanteuse est connue.   (le pays)

4. C'est Thomas qui roule rapidement.   (son équipe)

5. C'est elle qui parle doucement.   (nous trois)

6. C'est une école réputée.   (cet arrondissement)

7. Voici une boîte branchée.   (la ville)

8. C'est un vin renommé.   (ce château)

9. C'est à neuf heures qu'il y a du monde dans le métro.   (la journée)

Ex.4   カッコ内の指示に従って書きかえなさい.   [特殊な比較級とその最上級]

1. Aujourd'hui, tu as mauvaise mine.   (比較級 aujourd'hui ＞ hier)

2. Christophe a de bons résultats scolaires.   (比較級 Christophe ＞ François)

3. Vous bricolez bien !   (比較級 vous ＞ votre mari)

4. Ma mère est timide.   (比較級 ma mère ＞ moi)

5. Cette année, la situation économique est mauvaise.

(比較級 cette année ＞ l'an dernier)

6. Mon oncle parle bien chinois.   (最上級 〈nous〉 の中で)

7. Il fait attention aux petits détails.   (最上級 〈nous trois〉 の中で)

8. C'est une bonne émission.   (最上級 〈la semaine〉 の中で)

9. Il a eu une mauvaise note à cette épreuve.   (最上級 〈sa classe〉 の中で)

10. Il a eu une mauvaise réputation.   (最上級 〈l'école〉 の中で)

Ex.5   総合 以下の文章を訳しなさい.

1. L'avenue des Champs-Élysées est beaucoup plus connue que les autres avenues françaises.

2. Ma voisine prononce l'arabe mieux que toi.

3. Vous pouvez venir le plus tôt possible ?

4. Zidane est-il le meilleur milieu de terrain ?

5. Plus elle mange, plus elle a envie de manger.

6. Le moindre bruit réveille ma grand-mère.

7. De plus en plus de Japonais voyagent à l'étranger.

8. Rien n'est plus facile que de faire un achat en ligne.

9. Evidemment, mon épouse et moi, nous allons rester ensemble pour le meilleur et pour le pire.

Unité 13 から Unité 17 までの展望
― タテのカギ，動詞活用のシステムを学ぶ ―

　ここでは動詞のシステム全体を学ぶことが主眼となる．性・数を持った名詞を中心としたグループとは対照的に，動詞は，その形態を，人称，時制に応じて適切に変化させてやる必要がある．その際に私達が視野に入れる変化の総体を**活用**といい，こうした現象をフランス語のタテのカギとしてみたい．

　フランス語の動詞は，**単純形**（動詞自体が変化する）と**複合形**（avoir / être＋過去分詞）から成る相補的なシステムから成り立っている．この単純形/複合形の図式がそれぞれの時制にあると考えればよい．試しに Unité 17 にある図式を眺めてもらえば，その全体像は意外なほど整然としていることが分かってもらえると思う．

　このタテのカギと，すでに学んだヨコのカギを使えば，多くのフランス語を相当なまで正確に読み解くことが可能になるだけでなく，やがて私達の「反応速度」が充分な域に達した暁には，フランス語を使って**「内容のある話し」**もできるはずである．

13-1 半過去 🔊 77

〔活用〕

chanter	
je chant**ais**	nous chant**ions**
tu chant**ais**	vous chant**iez**
il chant**ait**	ils chant**aient**

finir	
je finiss**ais**	nous finiss**ions**
tu finiss**ais**	vous finiss**iez**
il finiss**ait**	ils finiss**aient**

＊全ての動詞が共通の活用語尾を持つ.

＊直説法現在形の一人称複数 (nous) の活用形から -ons を除き，半過去共通の活用語尾を付ける.

chanter → nous chant~~ons~~ → je chant**ais**, tu chant**ais** …

finir → nous finiss~~ons~~ → je finiss**ais**, tu finiss**ais** …

être のみ j'ét**ais**, tu ét**ais** …

Ex.1

〔用法〕

過去における継続・習慣（〜していた・〜したものだ）

Hier matin, je **lisais** dans ma chambre.

Il **fumait** beaucoup en ce temps-là.

Ex.2

複合過去と半過去

複合過去が「完了」に重点を置く一方，半過去は動作が「未完了」であることに注目する.

J'ai fait mes devoirs.　宿題をやり終えた.「完了」

Je faisais mes devoirs.　宿題をやっていた.「未完了」

Ex.3

13-2 大過去 🔊 78

〔活 用〕

chanter	
j' avais chanté	nous avions chanté
tu avais chanté	vous aviez chanté
il avait chanté	ils avaient chanté

aller	
j' étais allé(e)	nous étions allé(e)s
tu étais allé(e)	vous étiez allé(e)(s)
il était allé	ils étaient allés
elle était allée	elles étaient allées

＊avoir / être の半過去＋過去分詞

＊avoir / être の選択の基準は複合過去の項を参照. (p. 43)

Ex.4

〔用 法〕

複合過去または半過去よりも以前に完了している事象

Quand ils sont arrivés à la gare, leur amie **était** déjà **partie**.

Elle écoutait le CD que son ami lui **avait prêté**.

Ex.5

⇨ 総合 **Ex.6**

[EXERCICES]

Ex.1 動詞を半過去に活用しなさい. [半過去の活用]

1. avoir   2. aller   3. saisir   4. faire   5. prendre

Ex.2 動詞を半過去に活用し，下線部を埋めなさい. [半過去の文]

1. être :   Nous _____ à la bibliothèque hier après-midi.

2. rester :   Ils _____ dans le laboratoire toute la journée.

3. avoir :   Tu _____ dix ans à l'époque.

4. habiter :   Ses parents _____ à l'étranger durant la guerre.

5. rentrer :   Le nouvel employé _____ tard même le week-end.

6. faire :   Hier soir, je _____ ma valise.

7. obéir :   Avant, tu _____ à tes parents.

8. se voir : On _____ souvent avant d'entrer à l'université.

9. savoir : Ils ne _____ pas quoi faire lors de cet accident.

10. commencer : Le match de tennis _____ à midi.

11. se promener : Mon grand-père _____ dans le parc tous les jours.

12. attendre : Je t'_____ à la station de métro à huit heures.

Ex.3 文意を参考にしながら，カッコ内の動詞を半過去か複合過去のいずれかに活用しなさい. 　　　　　　　　　　　　　　　　　　　　　　　[半過去・複合過去の用法]

1. Je lui (parler) au téléphone quand on (frapper) à la porte.
彼女と電話をしていたら，誰かが扉をノックした.

2. Il (s'adresser) à sa sœur qui (faire) sa toilette.
彼は，身繕いをしている妹に話しかけた.

3. La réunion (finir) quand mon portable (sonner).
会議が終わる頃に，私の携帯電話が鳴った.

4. Quand nous (être) enfant, nous (aller) à la plage tous les étés.
子供の頃は，毎夏海へ行ったものだ.

5. Voilà le foyer où elle (loger) quand elle (être) lycéenne.
彼女が高校生の頃に暮らしていた寮はここです.

6. Elle (rougir) chaque fois qu'on la (féliciter).
彼女は，褒められるたび，顔を赤らめていた.

7. On (rénover) le magasin que je (fréquenter) autrefois.
以前足繁く通っていた店が改装された.

8. La guerre (durer) 5 ans et demi et (se terminer) en 1945.
戦争は5年半続き，1945年に終わった.

Ex.4 動詞を大過去に活用しなさい. 　　　　　　　　　　　[大過去の活用]

1. inviter　　2. arriver　　3. voir　　4. avoir　　5. être

Ex.5 文意を参考にしながら，2つのカッコ内の動詞のうち，一方を大過去に，もう一方を半過去か複合過去のいずれかに活用しなさい．

［複合過去・半過去・大過去の用法］

1. Il (remarquer) le numéro de téléphone que j'(noter) sur son carnet.
   彼は，私が彼の手帳にメモした電話番号に気付いた．

2. Avant, nous (écrire) fréquemment à un ami avec qui nous (faire) connaissance à Paris.
   以前，私達はパリで知り合った友人とまめに文通をしていた．

3. Elle m'(dire) que ses parents (partir) en vacances.
   両親は休暇に出かけたと，彼女は私に言った．

4. La veille des examens, je (photocopier) les cahiers que mes amis m'(prêter).
   試験の前日になると，友人達が貸してくれたノートをコピーしたものだった．

5. Les invités (finir) leur repas quand elle (arriver).
   彼女が到着した時には，招待客は食事を終えていた．

6. Dès qu'il (recevoir) son salaire, il (aller) boire au bistrot.
   給料をもらうと直ちに，彼はビストロに飲みに行くのであった．

7. Elles (partir) quand je les (appeler).
   私が電話をした時には，彼女達は出発していた．

8. Ma sœur (regarder) le film que j'(enregistrer) sur une vidéocassette.
   姉は，私がビデオテープに録画しておいた映画を見た．

Ex.6 総合 以下の文章を訳しなさい．

1. Il pleuvait tout le temps. On commençait à s'ennuyer. On n'avait rien à faire. Mais, tout à coup, il m'a proposé de faire un gâteau avec lui.

2. Cette découverte, qui était passée inaperçue à l'époque, a été confirmée très récemment.

3. On croyait que les jeunes étaient plus dociles qu'auparavant. Mais, à voir les manifestations actuelles, il faut admettre que cette perception était complètement erronée.

UNITÉ
14 単純未来・前未来

14-1 単純未来 🔊 79

〔活 用〕

chanter	
je chante**rai**	nous chante**rons**
tu chante**ras**	vous chante**rez**
il chante**ra**	ils chante**ront**

＊全ての動詞が共通の活用語尾を持つ.

＊不定法の語尾 -r, -re, -oir を除き，単純未来の語尾 -rai, -ras, -ra, -rons, -rez, -ront を付ける.

　　finir → je fini**rai**, tu fini**ras** …　　prendre → je prend**rai**, tu prend**ras** … etc.

　ただし，-er 型動詞変則の一部では，acheter → j'ach**è**terai, appeler → j'appe**ll**erai.

Ex.1

特殊な語幹を持つ動詞

être → je serai　avoir → j'aurai　aller → j'irai　venir → je viendrai

faire → je ferai　pouvoir → je pourrai　voir → je verrai　vouloir → je voudrai　etc.

Ex.2

〔用 法〕

未来の事象

Le train **partira** dans une heure.

穏やかな命令（主語が二人称の時）

Vous **terminerez** ce travail d'ici la semaine prochaine.

Ex.3

14-2 前未来 🔊 80

〔活 用〕

donner	
j' aurai donné	nous aurons donné
tu auras donné	vous aurez donné
il aura donné	ils auront donné

<table>
<tr><td colspan="4" align="center">arriver</td></tr>
<tr><td>je</td><td>serai arrivé(e)</td><td>nous</td><td>serons arrivé(e)s</td></tr>
<tr><td>tu</td><td>seras arrivé(e)</td><td>vous</td><td>serez arrivé(e)(s)</td></tr>
<tr><td>il</td><td>sera arrivé</td><td>ils</td><td>seront arrivés</td></tr>
<tr><td>elle</td><td>sera arrivée</td><td>elles</td><td>seront arrivées</td></tr>
</table>

＊avoir / être の単純未来＋過去分詞
＊avoir / être の選択の基準は複合過去の項を参照. (p. 43)

Ex.4

〔意 味〕

未来の時点で完了している事象

Quand vous arriverez, le concert **aura commencé**.

Ex.5

[EXERCICES]

Ex.1　動詞を単純未来に活用しなさい.　　　　　　　　　　　　　　[単純未来の活用]

1. aider　　2. aboutir　　3. mettre　　4. dire　　5. recevoir

Ex.2　動詞を単純未来に活用しなさい.　　　　[特殊な語幹を持つ動詞の単純未来の活用]

1. être　　2. avoir　　3. tenir　　4. savoir　　5. aller

Ex.3　動詞を単純未来に活用し，下線部を埋めなさい.　　　　　　　[単純未来の文]

1. arriver :　　Nous _____ bientôt au terminus.
2. grandir :　　Ce chien _____ vite.
3. partir :　　Le TGV _____ pour Genève.
4. faire :　　Vous _____ un peu plus d'efforts pour le prochain examen.
5. aller :　　Ils _____ au marché demain.
6. revenir :　　Les enfants _____ de la crèche en même temps.
7. présenter :　On _____ des articles dans la vitrine.
8. être :　　Je _____ à l'église à midi.
9. lire :　　Tu _____ ce texte d'ici demain.

10. comprendre : Le professeur _____ notre opinion.

11. attendre : Le secrétaire _____ le PDG dans l'entrée.

12. se coucher : Le soleil _____ dans dix minutes.

13. pleuvoir : Il _____ cet après-midi.

14. acheter : Elle _____ cette écharpe noire.

15. pouvoir : Ils ne _____ pas venir au comité.

Ex.4　動詞を前未来に活用しなさい.　　　　　　　　　[前未来の活用]

1. trouver　　2. maigrir　　3. venir　　4. sortir　　5. découvrir

Ex.5　文意を参考にしながら，二つのカッコ内の動詞のうち，いずれか一方を単純未来に，もう一方を前未来に活用しなさい.　　　　　[単純未来・前未来の用法]

1. Quand vous (arriver), j'(terminer) mon travail.
   あなたが来る時には，仕事を終えておきます.

2. Quand le repas (être) prêt, on (vider) la bouteille de champagne.
   食事ができる頃には，シャンパンのボトルを空けているでしょう.

3. Je vous (envoyer) ce courrier dès que vous m'(donner) vos coordonnées.
   連絡先を教えてくれたら，早速この郵便物を送ります.

4. Quand il (prendre) des photos, il les (faire) développer immédiatement.
   彼は写真を撮ったら，それを直ちに現像に出すことだろう.

5. Une fois que vous (acheter) un ordinateur, vous (pouvoir) vous connecter à l'internet.
   コンピューターを買ったらすぐに，インターネットができますよ.

Ex.6　総合　以下の文を訳しなさい.

1. J'espère que ton séjour à Paris ne sera pas trop long.　Tu reviendras dès que tu auras obtenu ton diplôme.　Je t'attendrai avec impatience.

2. La langue française évoluera au fur et à mesure.　Néanmoins les Français ne cesseront pas de la considérer comme faisant partie de leur identité la plus intime.
   ＊2. au fur et à mesure : しだいに
   　　 comme faisant partie de ... : 〜の一部を成すものとして

UNITÉ 15 | 条件法

15-1 条件法現在 🔊 81

〔活 用〕

chanter	
je chante**rais**	nous chante**rions**
tu chante**rais**	vous chante**riez**
il chante**rait**	ils chante**raient**

finir	
je fini**rais**	nous fini**rions**
tu fini**rais**	vous fini**riez**
il fini**rait**	ils fini**raient**

＊全ての動詞が共通の活用語尾を持つ.

＊単純未来の語幹 (-r) ＋半過去の語尾 (-ais, -ais, -ait, -ions, -iez, -aient)

chanter＋ais → je chanterais　　finir＋ais → je finirais　　prendr＋ais → prendrais

＊単純未来で「特殊な語幹を持つ動詞」は，条件法現在でも特殊な語幹を維持する.

	条件法現在	単純未来
être :	je serais	je serai
avoir :	j'aurais	j'aurai
faire :	je ferais	je ferai
voir :	je verrais	je verrai
	etc.	

Ex. 1

〔用 法〕

仮想に基づいた推測（現在）

> si＋半過去，条件法現在

Si j'**avais** plus de temps, j'**irais** faire du shopping.

語気緩和・推測（現在）

Je **voudrais** parler à M. le Directeur.

Il **serait** impoli de mentionner sa vie privée.

Ex. 2

15-2 条件法過去 🔊 82

〔活 用〕

chanter	
j' aurais chanté	nous aurions chanté
tu aurais chanté	vous auriez chanté
il aurait chanté	ils auraient chanté

aller	
je serais allé(**e**)	nous serions allé(**e**)**s**
tu serais allé(**e**)	vous seriez allé(**e**)(**s**)
il serait allé	ils seraient allé**s**
elle serait allé**e**	elles seraient allé**es**

＊avoir / être の条件法現在＋過去分詞
＊avoir / être の選択の基準は複合過去の項を参照．(p. 43)

Ex.3

〔用 法〕

仮想に基づいた推測（過去）

| si＋大過去，条件法過去 |

Si j'**avais eu** plus de temps, je **serais allée** faire du shopping.

語気緩和・推測（過去）

Tu **aurais dû** m'en parler.

Il y **aurait eu** un détournement d'avion.

Ex.4

過去における未来

主節が過去時制の時，従属節中の条件法現在は，「過去における未来」を表し，条件法過去は「過去における前未来」を表す．

Je croyais qu'elle **arriverait** à l'heure.　　条件法現在

← Je crois qu'elle **arrivera** à l'heure.　　単純未来

Je croyais qu'elle **serait arrivée** à l'heure.　条件法過去

← Je crois qu'elle **sera arrivée** à l'heure.　前未来

Ex.5

si 節のない条件法

si 節のない条件法では，いずれかの語句が「仮定」の役割をすることがある.

Sans vos conseils, je n'aurais jamais réussi.

Un pas de plus, elle serait tombée.

⇨ 総合 **Ex.6**

[EXERCICES]

Ex.1 単純未来形を参考にしながら，以下の動詞を条件法現在に活用しなさい.

[条件法現在の活用]

    1. arriver (単未：j'arriverai)   2. guérir (単未：je guérirai)

    3. savoir (単未：je saurai)   4. venir (単未：je viendrai)

    5. pouvoir(単未：je pourrai)

Ex.2 条件法現在の形式に基づいて，カッコ内の動詞を適当に活用しなさい.

[条件法現在の文]

    1. S'ils (être) avec nous, nous (aller) camper en montagne.

    2. Si elle (être) moins exigeante, elle (trouver) du travail plus facilement.

    3. S'il (faire) beau, nous (pouvoir) faire un pique-nique.

    4. Si je (être) à ta place, je (faire) la même chose.

    5. S'il n'y (avoir) pas de plaisir d'amour, il n'y (avoir) pas non plus de chagrin d'amour.

    6. Si les ordinateurs (être) tout-puissants, ils nous (remplacer) complètement.

    7. Si elle le (quitter) sans rien dire, il (être) désespéré.

    8. Si la grammaire française (être) plus simple, on (pouvoir) la maîtriser avec moins d'efforts.

Ex.3 動詞を条件法過去に活用しなさい.   [条件法過去の活用]

    1. rentrer   2. partir   3. devoir   4. prendre   5. mourir

Ex.4 条件法過去の形式に基づいて, Ex.2 のカッコ内の動詞を適当に活用しなさい.

[条件法過去の文]

Ex.5 「過去における未来」に留意しつつ，下線部を埋めなさい．

[「過去における未来」を表す条件法の用法]

1. Nous pensons qu'elle partira à six heures.

   → Nous pensons qu'_____.

   Nous pensons qu'elle sera partie avant six heures.

   → Nous pensons qu'_____.

2. Ma mère dit qu'ils se marieront sans tarder.

   → Ma mère a dit qu'_____.

   Ma mère dit qu'ils seront mariés avant juillet.

   → Ma mère a dit qu'_____.

Ex.6 総合 以下の文を訳しなさい．

1. Si les banquises des régions antarctiques fondaient, beaucoup de villes importantes seraient submergées.

2. Avec plus de prévoyance et moins d'obstination, il aurait pu réussir en tant que réalisateur de cinéma.

3. Si j'avais su que le syndicat avait décidé la grève, j'aurais pris le bus ce jour-là.

4. Il était trop tard, même s'ils avaient pu joindre la tour de contrôle par radio, celle-ci n'aurait pu que leur confirmer qu'ils étaient sur la ligne de passage du typhon.

16-1 接続法現在 🔊 83

〔活 用〕

chanter	
je chant**e**	nous chant**ions**
tu chant**es**	vous chant**iez**
il chant**e**	ils chant**ent**

finir	
je finiss**e**	nous finiss**ions**
tu finiss**es**	vous finiss**iez**
il finiss**e**	ils finiss**ent**

＊活用語尾は，être, avoir を除き全て共通.
＊nous -ions, vous -iez は半過去と同じ. 他は，直説法現在3人称複数の活用語尾 -ent を落とし，je —e, tu —es, il —e, ils —ent を付ける.

　　（例）venir : 半過去から，nous ven**ions**，vous ven**iez**

　　　　　　　直説法現在3人称複数から，ils vienn~~ent~~ → je vienn**e**，tu vienn**es**,
　　　　　　　　　　　　　　　　　　　il vienn**e**，ils vienn**ent**

Ex. 1

特殊な語幹を持つ動詞 🔊 84

〔活 用〕

être	
je sois	nous soyons
tu sois	vous soyez
il soit	ils soient

avoir	
j' aie	nous ayons
tu aies	vous ayez
il ait	ils aient

aller :　　j'aille，　nous allions，　ils aillent

faire :　　je fasse，　nous fassions，　ils fassent

pouvoir :　je puisse，　nous puissions，　ils puissent

savoir :　　je sache，　nous sachions，　ils sachent

vouloir :　je veuille，　nous voulions，　ils veuillent

〔用 法〕

1) **主観（意志・願望・満足・驚き・疑惑など）を表す名詞節**

　　Je veux qu'il **dise** la vérité.

　　Il faut que j'y **aille**.

　　Je ne crois pas qu'il **dise** la vérité.

　　Cf. Je crois qu'il dit la vérité.

2)「限定」や「想定」の意味を伴う形容詞節

C'est la seule chose que je **connaisse**.

Nous cherchons un employé qui **puisse** travailler même le week-end.

J'accepterai votre proposition quelle qu'elle **soit**.

3) 特定の副詞節

Elle a fermé la porte à clef pour que les enfants ne **sortent** pas.

Bien qu'il **fasse** beau, la température est relativement basse.

Ex.2

16-2 接続法過去 🔊 85

〔活 用〕

chanter	
j' aie chanté	nous ayons chanté
tu aies chanté	vous ayez chanté
il ait chanté	ils aient chanté

arriver	
je sois arrivé(**e**)	nous soyons arrivé(**e**)**s**
tu sois arrivé(**e**)	vous soyez arrivé(**e**)(**s**)
il soit arrivé	ils soient arrivé**s**
elle soit arrivé**e**	elles soient arrivé**es**

＊avoir / être の接続法現在＋過去分詞

＊avoir / être の選択の基準は複合過去の項を参照. (p. 43)

Ex.3

〔用 法〕

主節より以前に完了している事象 ＊他用法は接続法現在と同じ.

Je m'étonne qu'ils **soient venus** sans prévenir.

Elle est très contente que son exposé **se soit** bien **passé**.

Ex.4

⇨ 総合 **Ex.5**

Ex.1 動詞を接続法現在に活用しなさい. [接続法現在の活用]

    1. parler   2. réfléchir   3. sortir   4. prendre   5. écrire

Ex.2 動詞を接続法現在に活用しなさい. [接続法現在の文]

  1. Je souhaite qu'elle (être) plus aimable avec ses clients.

  2. Je doute que vous (savoir) garder votre sang-froid.

  3. J'ai peur que mon secrétaire n'(oublier) le rendez-vous.

  4. Je suis contente que mon fils (se familiariser) avec la vie à l'étranger.

  5. Je veux que tu (tenir) ta parole cette fois-ci.

  6. Le diplomate ne pense pas que les circonstances politiques (aller) mieux.

  7. Il est dommage qu'il ne (faire) pas beau aujourd'hui.

  8. Il est nécessaire que nous (s'entendre) bien avec nos équipiers.

  9. Il importe que vous (essayer) différentes approches.

10. Il est impossible que nous (vivre) ensemble sans aucune vision d'avenir.

11. Il est la seule personne qui (connaître) la mécanique parmi nous.

12. C'est la dernière occasion dont tu (pouvoir) profiter.

13. La France n'est pas le seul pays où on (parler) la langue française.

14. Y a-t-il quelque chose que vous ne (comprendre) pas ?

15. Où que vous (se situer), vous pourrez admirer une vue magnifique.

16. Bien qu'elle (trouver) ce projet faisable, elle l'examine dans les moindres détails.

17. Quoi qu'il (faire), il ne parviendra pas à la solution définitive.

18. A supposer que l'euro (augmenter) à nouveau, les voyages en France coûteront plus cher.

19. Je parle avec gentillesse de peur que vous ne (s'offenser).

20. Ils se sont mis en grève pour que les conditions de travail (s'améliorer).

Ex.3 動詞を接続法過去に活用しなさい. [接続法過去の活用]

    1. aller   2. partir   3. être   4. avoir   5. faire

Ex.4　動詞を接続法過去に活用しなさい.　　　　　　　　　　　　　[接続法過去の文]

1. Je ne crois pas que l'on (prendre) mon avis en compte.

2. Ces infirmières sont heureuses que le malade (aller) mieux.

3. Bien que ses parents (divorcer), il les voit très souvent.

4. Il est impossible qu'il (être) là à ce moment-là.

5. Je suis désolée qu'il (pleuvoir) hier toute la journée.

6. Il semble que ce roman l'(impressionner) très vivement.

7. Il faut que sa fille (descendre) à cet arrêt d'autobus.

8. Il est possible que son œuvre (attirer) l'attention du public.

9. Le policier craint que le voleur ne (s'enfuir).

10. Il se peut que le prix du pétrole (baisser) de 0.5 %.

Ex.5　総合　以下の文章を訳しなさい.

1. Elle avait peur que son petit fils ne dise quelque chose de bizarre.

2. Si grande que soit la difficulté de ces questions, le philosophe n'a jamais renoncé à les envisager de front.

3. L'écriture est-elle le meilleur instrument de transmission du savoir dont les hommes puissent disposer ?

単純時制	複合時制
動詞自体が活用	avoir / être ＋過去分詞

直説法	
現在	複合過去
半過去	大過去
単純未来	前未来
条件法現在	条件法過去
接続法現在	接続法過去

＊複合時制は，対応する単純時制の avoir / être に過去分詞をつけることで得られる.

＊複合時制は，対応する単純時制の時点で完了している事象を表す.

＊avoir / être の選択の基準は全ての時制・法に共通する. 複合過去の項を参照. (p. 43)

単純時制　　　　　　　複合時制　　　　　　　◀)) 86

現　在	複合過去
je chante	j'ai chanté
j'arrive	je suis arrivé(e)

Ex.1, Ex.2

単純時制　　　　　　　複合時制

半過去	大過去
je chantais	j'avais chanté
j'arrivais	j'étais arrivé(e)

＊大過去は複合過去の時点で完了している事象にも用いられる.

J'ai lu la revue que j'**avais achetée** la semaine dernière.

Ex.3, Ex.4

単純時制　　　　　　　複合時制

単純未来	前未来
je chanterai	j'aurai chanté
j'arriverai	je serai arrivé(e)

Ex.5, Ex.6

単純時制	複合時制
条件法現在	**条件法過去**
je chanterais	j'aurais chanté
j'arriverais	je serais arrivé(e)

Ex.7, Ex.8

単純時制	複合時制
接続法現在	**接続法過去**
je chante	j'aie chanté
j'arrive	je sois arrivé(e)

Ex.9

【EXERCICES】

Ex.1 直説法現在の動詞を複合過去にしなさい. [直説法現在と複合過去の対照]

例：terminer : elle termine → elle ___a terminé___

1. jouer :   il joue   → il _____
2. visiter :   nous visitons   → nous _____
3. agir :   vous agissez   → vous _____
4. choisir :   tu choisis   → tu _____
5. voir :   elle voit   → elle _____
6. prendre :   ils prennent   → ils _____
7. vouloir :   je veux   → j'_____
8. faire :   elles font   → elles _____
9. descendre :   elles descendent   → elles _____
10. se coucher : elle se couche   → elle _____

Ex.2 直説法現在の文を複合過去の文に書きかえなさい.

[直説法現在から複合過去への書きかえ]

1. fermer :   Nous fermons les volets.
2. aller :   Tu vas au supermarché.
3. entrer :   Tes parents entrent dans le cinéma ?
4. obéir :   Les animaux obéissent à leur maître.
5. devenir : Mon cousin devient avocat.

6. pouvoir :　 On peut s'en sortir.

7. lire :　　 Lisez-vous le journal ?

8. cirer :　　 Le vieillard cire les chaussures.

9. conduire : Conduit-elle ce camion ?

10. plaire :　　 Ça lui plaît ?

Ex.3　半過去の動詞を大過去にしなさい.　　　　　　　　　　　　［半過去と大過去の対照］

例：regarder: il regardait　　　→ il 　avait regardé　

1. parler :　　 vous parliez　　 → vous _____

2. aimer :　　 ils aimaient　　 → ils _____

3. aller :　　 nous allions　　 → nous _____

4. avoir :　　 tu avais　　　 → tu _____

5. mettre :　　 je mettais　　 → j'_____

6. devoir :　　 elle devait　　 → elle _____

7. revenir :　 elles revenaient → elles _____

8. écrire :　　 il écrivait　　 → il _____

9. entendre : j'entendais　　 → j'_____

10. se servir : on se servait　 → on s'_____

Ex.4　文意を参考にしながら，２つのカッコ内の動詞のうち，いずれか一方を大過去に，もう一方を半過去か複合過去に書きかえなさい.

［半過去・大過去・複合過去の用法２］

1. Il (perdre) le stylo que sa grand-mère lui (offrir).
   彼は，祖母からもらった万年筆をなくしてしまった.

2. Les questions qui nous (être) posées (être) trop faciles.
   私達に出された問題はあまりに簡単過ぎた.

3. Elle (reconnaître) qu'elle (mentir).
   彼女は自分が嘘をついたことを認めた.

4. Le roi (se demander) si son armée (gagner) la bataille.
   王は，自らの軍隊が勝利したかどうかいぶかっていた.

5. Mon père (réchauffer) au four à micro-ondes le potage que ma mère (préparer) la veille.
   父は，母が前日用意したスープを電子レンジで温めた.

Ex.5 単純未来の動詞を前未来にしなさい. [単純未来と前未来の対照]

例： chanter : il chantera → il _aura chanté_

1. habiter : nous habiterons → nous _____
2. arriver : j'arriverai → je _____
3. saisir : elle saisira → elle _____
4. aller : vous irez → vous _____
5. faire : ils feront → ils _____
6. boire : il boira → il _____
7. croire : elles croiront → elles _____
8. revenir : tu reviendras → tu _____
9. savoir : nous saurons → nous _____
10. se voir : ils se verront → ils _____

Ex.6 文意を参考にしながら, ２つのカッコ内の動詞のうち, いずれか一方を単純未来に, もう一方を前未来に書きかえなさい. [単純未来・前未来の用法２]

1. Ma sœur (venir) à la fête après qu'elle (promener) son chien.
   妹は犬を散歩させてからパーティーに来ます.
2. Tu (se coucher) quand tu (terminer) ton devoir.
   宿題が終わってから寝なさい.
3. Une fois que tu (répondre) à ma question, je (répondre) à la tienne.
   私の質問に答えてくれたら, あなたの質問にも答えます.
4. On en (reparler) quand tu (prendre) de l'âge.
   そのことは, あなたがもっと大人になってから話しましょう.

Ex.7 条件法現在の動詞を条件法過去にしなさい. [条件法現在と条件法過去の対照]

例： chanter : il chanterait → il _aurait chanté_

1. aimer : nous aimerions → nous _____
2. venir : je viendrais → je _____
3. nourrir : elle nourrirait → elle _____
4. prendre : vous prendriez → vous _____
5. connaître : elles connaîtraient → elles _____
6. dire : nous dirions → nous _____
7. mourir : ils mourraient → ils _____
8. tenir : vous tiendriez → vous _____

9. vouloir :   je voudrais   → j'_____

10. se souvenir : tu te souviendrais → tu _____

Ex.8　「過去の仮定」を表す文に書きかえなさい. [条件法現在から条件法過去への書きかえ]

＊「過去の仮定」については，p. 73 参照.

1. Si tu te levais tôt, tu arriverais à l'heure.

2. S'il faisait chaud, je nagerais.

3. Si nous étions moins occupés, nous dormirions davantage.

4. S'il avait plus de courage, il lui adresserait la parole.

5. Si cette hypothèse était vraie, on pourrait prévenir les tremblements de terre.

6. Sans votre intervention, le nombre de victimes serait plus important.

7. Les ouvriers ne travailleraient plus dans de telles conditions.

8. Avec ce diplôme, vous auriez plus d'opportunités.

Ex.9　下線部の接続法現在を接続法過去に書きかえなさい.

[接続法現在から接続法過去への書きかえ]

1. pouvoir :　Nous doutons qu'il puisse partir.

2. aller :　　Il semble que le malade aille mieux.

3. dire :　　Je regrette qu'il ne dise pas la vérité.

4. venir :　　Nous sommes contents que vous veniez ensemble.

5. arriver :　Je crains qu'il ne lui arrive quelque chose.

6. être :　　Sa mère ne croit pas qu'il soit au courant de cette nouvelle.

7. être :　　Il se peut que tu sois en colère.

8. se marier : On est étonnés qu'ils se marient.

Unité 18, Unité 19 の展望
― 入門の終わりに向けて ―

　残る課では，主に文の仕組みに関わる諸規則を学ぶ．名詞から出発して，その「取り巻き達」を学び，動詞の時制を知った今では，暗記すべき事項は随分と少なくなった．それはつまり**入門の終わり**に私達が差しかかっていることを意味している．もちろん，辞書や文法項目はこれからも度々参照する必要があろう．とはいえ，それは単なる復習のためではなく，学んだ文法知識を動員して，**本物のフランス語**に接するための有意義な作業となってゆくだろう．そう，この教科書を卒業する日はもうそれほど遠くはないのだ．

　少々気が早いが，ここまで学んで下さった方々に心から感謝をしたい．そして，皆さんが今後も何らかの形でフランス語を**継続**して下さるのなら，著者としてこれほどの喜びはない．

18-1　過去分詞　🔊 87

＊過去分詞の形態については 8-1 参照.

〔用 法〕

名詞を直接修飾する

une lettre **écrite** par un vieux domestique

un souvenir **gravé** dans mon cœur

分詞節を形成する

1) 主節の主語を修飾する.

   Gravement blessé, le joueur a quitté le terrain.

2) 独自の主語を持つ.「**絶対分詞節**」

   L'été fini, elle ne pense plus à lui.

Ex. 1

18-2　現在分詞　🔊 88

動詞の語幹 + **ant**

＊すべての動詞が共通の語尾 (-ant) を持つ.

＊直説法現在の一人称複数 (nous) から -ons を除き -ant を付ける.

chanter : nous chant~~ons~~ → chant**ant**　　finir : nous finiss~~ons~~ → finiss**ant**

例外：étant (être),　ayant (avoir),　sachant (savoir)

Ex. 2

〔用 法〕

名詞を直接修飾する

un étudiant **travaillant** assidûment

une voiture **roulant** à toute vitesse

Ex. 3

分詞節を形成する

1) 主節の主語を修飾する.

   Étant épuisée, elle est restée dans son lit.

   Songeant à notre avenir, nous nous promenions au bord de la Seine.

2) 独自の主語を持つ.「**絶対分詞節**」

   Son mari étant très malade, elle a passé sa journée à son chevet.

   La patience me manquant, je n'ai pas attendu son arrivée.

現在分詞の時制

ayant / étant＋過去分詞で，主節に対しての「完了」を表す．

Ayant trop **bu** la veille, je me suis réveillé avec la gueule de bois.

Etant partie en vacances, elle ne pourra pas s'occuper de son poisson rouge.

Ex.4

18-3　ジェロンディフ 🔊 89

en＋現在分詞

〔用　法〕

副詞節を形成し，「同時性」，「原因」，「手段」，「条件」，「対立」等を表す．

Elle discute au téléphone **en faisant** la cuisine.　同時性

Tout en sachant la vérité, elle ne la dira pas.　対立

＊ジェロンディフの意味上の主語は，主節の主語と一致する．

Ex.5, Ex.6

18-4　指示代名詞各種

ça, cela, ceci 🔊 90

主語，属詞，目的補語になる．

Cela m'inquiète beaucoup.

Cela est bon, **ceci** l'est en revanche beaucoup moins.

Je trouve **cela** très bon.

Ça suffit !

Tu prends **ça** ?

C'est **ça**.

ce 🔊 91

être の主語，関係代名詞の先行詞になる．

C'est combien ?

Ce qui n'est pas clair n'est pas français.

Dis-moi **ce** que tu as à l'esprit.

Ex.7

	単数	複数
男性	**celui**	**ceux**
女性	**celle**	**celles**

＊対応する名詞の性・数によって変化する.

〔用　法〕

先行する名詞を受ける.

Ta voiture est en panne, prends **celle** de ton père.

関係代名詞の先行詞「不特定な人（々）」

J'essaie de répondre à tout **ceux qui** m'écrivent.

La montagne attire **ceux qui** aiment l'aventure.

Ex.8

⇨ 総合 **Ex.9**

[EXERCICES]

Ex.1　下線部を過去分詞を用いて書きかえなさい.　　　　　［過去分詞を用いての書きかえ］

1. Ce sont des appareils électriques qui sont fabriqués en Chine.
2. C'est une vedette qui est très aimée de tout le monde.
3. Nous avons entendu parler de ce petit bistrot qui a été récemment fermé.
4. Je relis le brouillon qui a été corrigé par le professeur.
5. Le gouvernement repoussera cette proposition qui est faite par les représentants étudiants.
6. Quand je suis rentrée chez moi, j'y ai trouvé ma grand-mère.
7. Bien qu'il soit respecté de ses subordonnés, mon chef ne s'en aperçoit pas du tout.
8. Comme elle est profondément enracinée dans l'esprit des peuples, cette tradition durera longtemps.

Ex.2　動詞を現在分詞にしなさい.　　　　　　　　　　　　　　　　［現在分詞の形態］

1. aimer　　2. finir　　　3. prendre　　4. venir　　5. lire
6. aller　　7. sortir　　　8. entendre　　9. voir　　10. pouvoir

Ex.3 現在分詞を用いて書きかえなさい. [現在分詞句への書きかえ]

例 : un musicien qui joue du piano → un musicien jouant du piano

1. un homme qui fume beaucoup
2. des écoliers qui crient fort
3. des gens qui traversent la rue
4. un bébé qui dort dans un lit
5. un employé qui court dans le bureau
6. une femme qui pense à son mari
7. un chien qui aboie contre le facteur
8. des étudiants qui s'inquiètent du résultat des examens
9. des serveurs qui attendent impatiemment des clients
10. la monnaie qui circule en Europe

Ex.4 現在分詞を用いて書きかえなさい. [現在分詞節への書きかえ]

例 : Quand il est revenu de l'école, il a trouvé une lettre sur la table.
　　→ Revenant de l'école, il a trouvé une lettre sur la table.

1. Comme elle avait de la fièvre, elle est allée voir le médecin.
2. Quand il répondait à ces questions, il a affirmé son intention de prendre sa retraite.
3. Quand elle est arrivée à Paris, elle a été surprise par l'intensité de la circulation.
4. Quand l'automne s'annonce, les vendanges vont commencer.
5. Comme l'examen était inattendu, nous étions très embarrassés.
6. Dès que la neige a cessé, ma cousine est sortie.
7. Comme elle est sortie sans écharpe, elle a pris froid.
8. Comme ce roman n'avait aucun intérêt, j'en ai interrompu la lecture.
9. Si vous travaillez plus, vous pourrez vous reposer plus tard.
10. Bien que tu ne saches rien, tu veux parler de tout.
11. Comme le résultat dépasse nos prévisions, nous sommes très contents de ce projet.
12. Comme il ne pouvait pas dormir, il a ouvert un roman policier.

Ex.5　ジェロンディフを用いて一文にしなさい.　[ジェロンディフを用いての書きかえ 1]

例：Mon père aime boire du scotch.　Il parle de jazz.

　　→ En parlant de jazz, mon père aime boire du scotch.

1. Il prépare son concours.　Il écoute la radio.
2. Il lit un journal.　Il se promène.
3. Ma sœur est rentrée.　Elle pleurait.
4. Il parle sans cesse.　Il conduit.
5. Elle s'est mise à courir.　Elle a aperçu le bus.
6. J'ai rencontré une vieille amie.　Je voyageais en France.

Ex.6　ジェロンディフを用いて文を書きかえなさい.　[ジェロンディフを用いての書きかえ 2]

1. Si tu m'appelles ce soir, tu seras sûr de me trouver à la maison.
2. Quand je suis arrivée devant chez moi, j'ai vu la porte ouverte.
3. Si on court un peu, on sera à temps.
4. Comme elle a suivi un régime strict, elle est tombée malade.
5. Si tu prends ce chemin, tu vas tomber sur la rivière.
6. Bien que nous soyons en week-end, nous sommes toujours obligés de travailler.

Ex.7　下線部に **ce** または **ça** を入れなさい.　[ce / ça の用法]

1. _____ sont des touristes japonais.
2. _____ m'étonnerait !
3. Fais _____ qui te plaît.
4. Elle est partie ?　Qui t'a dit _____ ?
5. Qu'est-ce que _____ signifie ?
6. _____ n'a pas d'importance.
7. Je ne comprends pas bien _____ dont il s'agit.
8. _____ n'a pas l'air si compliqué que _____.
9. Elle trouve _____ meilleur.
10. _____ qui est dommage, c'est qu'il n'a pas pu venir ce soir.
11. _____ ne me regarde pas !
12. Est-_____ vraiment _____ que tu attendais ?

Ex.8   下線部の名詞を適当な指示代名詞に書きかえなさい. ［指示代名詞の用法］

1. Voici ma moto et la moto de mon cousin.

2. Il y a deux routes pour se rendre à ma ville natale. La route qui passe par la mer est plus agréable.

3. Mon ordinateur est en panne. J'ai donc emprunté l'ordinateur de ma sœur.

4. Mes rêves et les rêves de mon amie étaient identiques.

5. Mes lunettes haut de gamme sont plus jolies que les lunettes de mon frère.

Ex.9   以下の文章を訳しなさい.

1. Frappée par l'attitude imprévue de son mari, elle s'est mise à pleurer. Elle se sentait si troublée que les mots lui manquaient. Il n'était pas celui qu'elle avait cru.

2. Dans la spéculation philosophique, définir une idée quelconque n'est pas si difficile et si important. Par contre, ce qui est essentiel dans ce mode de pensée, c'est de voir comment les idées s'enchaînent, se confondent et se rapprochent. Parce qu'une idée n'est que celle qui est en train de se changer en une autre.

UNITÉ 19 | 話法・時制の一致

19-1 話法 🔊 93

Il me demande : «Je peux emprunter ta télécarte ?»　直接話法

Il me demande s'**il** peut emprunter **ma** télécarte.　　間接話法

    *間接話法への転換に際して，人称代名詞等が変化する可能性を考慮に入れる.

平叙文 🔊 94

que＋従属節

Il me dit : « Tu es gentil. »

Il me dit **que** je suis gentil.

Ex.1

命令文 🔊 95

de＋不定法

Il me dit : « Sois gentil. »

Il me dit **d'être** gentil.

Il me dit : « Ne parlez pas si fort. »

Il me dit **de ne pas parler** si fort.

Il lui dit : « Montrez-la-moi. »

Il lui dit **de la lui montrer**.

Il lui dit : « Tais-toi. »

Il lui dit **de se taire**.

Ex.2

疑問文 (oui / non) 🔊 96

si＋間接疑問節

Il me demande : « Tu pars demain ? »

Il me demande **si** je pars demain.

Ex.3

疑問詞を含む疑問文 🔊 97

疑問詞は原則そのまま.

Il me demande : « Où es-tu ? »

Il me demande **où** je suis.

qui / qui est-ce qui / qui est-ce que → qui

Il me demande : « Qui [est-ce qui] est le meilleur chanteur ? »

Il me demande qui est le meilleur chanteur.

qu'est-ce qui → ce qui

Il me demande : « Qu'est-ce qui t'arrive ? »

Il me demande ce qui m'arrive.

que / qu'est-ce que → ce que

Il me demande : « Que lis-tu ? » / « Qu'est-ce que tu lis ? »

Il me demande ce que je lis.

Ex.4

19-2 時制の一致 🔊 98

1) 主節が「現在」

従属節ではどの時制も可能.

J'affirme qu'il **dort** en ce moment. (現在)

qu'il **dormira** bientôt. (単純未来)

qu'il **aura dormi** avant son départ. (前未来)

qu'il **a** bien **dormi** hier. (複合過去)

qu'il **dormait** au moment de mon arrivée. (半過去)

qu'il **avait** bien **dormi** avant ses examens. (大過去)

2) 主節が「過去」

従属節の時制は**主節の時制との相対的な関係**で決まる.

主節より過去 → **大過去**

Je croyais qu'il **avait** bien **travaillé** son français.

主節と同時 → **半過去**

J'ai constaté qu'il **travaillait** quand je suis rentrée.

主節より未来 → **条件法**

Je pensais qu'il **travaillerait** un jour. (過去における未来)

qu'il **aurait travaillé** avant le concours d'entrée. (過去における前未来)

「時」の表現の転換

主節が過去時制の場合，従属節中の「時」の表現等を改めることが多い．

aujourd'hui（今日）	→ ce jour-là（当日）
demain（明日）	→ le lendemain（翌日）
hier（昨日）	→ la veille（前日）
maintenant（今）	→ alors（当時） etc.

Elle croit qu'il viendra demain.

→ Elle croyait qu'il viendrait le lendemain.

Ex.5

⇨ 総合 **Ex.6, Ex.7**

【EXERCICES】

Ex.1　間接話法に書きかえなさい．　　　　　　　　　　　　　　［平叙文の間接話法への書きかえ］

1. Elle me dit : « Tu as l'air fatigué. »
2. Ils me disent : « Nous sommes en retard. »
3. Il nous dit : « J'ai soif. »
4. Il lui dit : « C'est ta faute. »
5. Elle me dit : « Nous sommes très amis. »

Ex.2　間接話法に書きかえなさい．　　　　　　　　　　　　　　［命令文の間接話法への書きかえ］

1. Ils me disent : « Viens tout de suite. »
2. Je lui dis : « Racontez-moi cette histoire. »
3. Il nous dit : « Ne buvez pas trop. »
4. Il nous dit : « Ne me dites pas de bêtises. »
5. Elle me dit : « Calme-toi. »

Ex.3　間接話法に書きかえなさい．　　　　　　　［疑問文 (oui / non) の間接話法への書きかえ］

1. Il me demande : « Est-ce que je peux fumer ? »
2. Elle me demande : « As-tu vu ce film ? »
3. Je leur demande : « Êtes-vous contentes ? »
4. Il nous demande : « Parlez-vous de moi ? »
5. Elles leur demandent : « Voulez-vous jouer aux cartes ? »

Ex.4　間接話法に書きかえなさい.　　　　

1. Il me demande : « Quand viens-tu ? »

2. Il me demande : « Pourquoi la séance ne commence-t-elle pas encore ? »

3. Elle nous demande : « Où habitez-vous ? »

4. Elle me demande : « Où se trouve ton université ? »

5. Il me demande : « Qu'est-ce que tu prends comme entrée ? »

6. Elle lui demande : « Qu'entendez-vous par là ? »

7. Ils me demandent : « Qu'est-ce qui t'intéresse le plus ? »

8. Ils me demandent : « Qui est-ce qui t'intéresse le plus ? »

9. Elles me demandent : « Qui est-ce que vous aimez ? »

10. Elles me demandent : « Qui est-ce qui vous ennuie ? »

Ex.5　時制の一致に留意しつつ，全文を書きかえなさい.　　　　

1. Il pense qu'elle est rationnelle.

　　→ Il pensait ....

2. Je sais qu'elles ont menti à leur professeur.

　　→ Je savais ....

3. Nous croyons qu'il travaille dans ce bureau.

　　→ Nous croyions ....

4. Il répond qu'il ne donnera pas son accord.

　　→ Il a répondu ....

5. Elle écrit que ses parents sont allés à Venise.

　　→ Elle a écrit ....

6. On dit qu'il ne pourra rien dire.

　　→ On disait ....

7. Je me doute qu'il aura appris cette nouvelle quand elle reviendra.

　　→ Je me doutais ....

8. Le témoin déclare que les choses se sont passées telles qu'il les a décrites.

　　→ Le témoin a déclaré ....

1. Il nous a dit : « Mes voisins ont déménagé hier. »

2. Il m'a dit : « Prête-moi ton dictionnaire. »

3. Ils m'ont demandé : « Qu'est-ce que vous voulez dire ? »

4. La météo a annoncé : « Il fera beau demain. »

5. Il m'a demandé : « Es-tu convaincu de ton succès ? »

6. Le directeur m'a ordonné : « Donnez-moi les résultats d'enquêtes. »

7. Elle m'a écrit : « Je suis partie en vacances depuis une semaine. »

8. Le journaliste a écrit dans son article : « Cette nouvelle loi a été adoptée hier. »

9. Elle m'a répliqué : « Je trouve votre supposition irréelle. »

10. Elle m'a demandé : « Qu'est-ce qui t'a frappé dans ce film ? »

Ex.7 総合 以下の文章を訳しなさい.

1. J'ai dit à Jeanne qu'elle était sage.   Après un court silence, elle m'a répondu qu'elle essayait seulement de l'être et m'a confié tout ce qu'elle croyait.

2. Il m'a déclaré que le roman que je lui avais soumis serait un jour considéré comme le chef-d'œuvre du siècle!   Et lui serait le premier à l'avoir apprécié à sa juste valeur.

序数 (-ième)

1 premier / première   2 deuxième   3 troisième   4 quatrième   5 cinquième
6 sixième   7 septième   8 huitième   9 neuvième   10 dixième

月

1月	janvier	2月	février	3月	mars	4月	avril
5月	mai	6月	juin	7月	juillet	8月	août
9月	septembre	10月	octobre	11月	novembre	12月	décembre

曜日

月 lundi   火 mardi   水 mercredi   木 jeudi   金 vendredi
土 samedi   日 dimanche

季節

春(に) (au) printemps   夏(に) (en) été
秋(に) (en) automne   冬(に) (en) hiver

国

仏	la France	français(e)
日	le Japon	japonais(e)
英	l'Angleterre	anglais(e)
米	les Etats-Unis	américain(e)
中	la Chine	chinois(e)
伊	l'Italie	italien(ne)
独	l'Allemand	allemand(e)
西	l'Espagne	espagnol(e)

フランス語文法の単位
（二訂版）

鈴　木　隆　芳　著
中　野　　　茂

2007. 4. 1 初版発行
2024. 4. 1 二訂版発行

発行者　上 野 名 保 子

〒101–0062　東京都千代田区神田駿河台 3 の 7
発行所　電話 03(3291)1676 FAX 03(3291)1675　株式会社　駿河台出版社

製版　ユーピー工芸／印刷・製本　㈱フォレスト

ISBN978-4-411-00776-6 C1085　¥2600E

http://www.e-surugadai.com

動 詞 活 用 表

◇ 活用表中, 現在分詞と過去分詞はイタリック体,
また書体の違う活用は, とくに注意すること.

accueillir	22	écrire	40	pleuvoir	61
acheter	10	émouvoir	55	pouvoir	54
acquérir	26	employer	13	préférer	12
aimer	7	envoyer	15	prendre	29
aller	16	être	2	recevoir	52
appeler	11	être aimé(e)(s)	5	rendre	28
(s')asseoir	60	être allé(e)(s)	4	résoudre	42
avoir	1	faire	31	rire	48
avoir aimé	3	falloir	62	rompre	50
battre	46	finir	17	savoir	56
boire	41	fuir	27	sentir	19
commencer	8	(se) lever	6	suffire	34
conclure	49	lire	33	suivre	38
conduire	35	manger	9	tenir	20
connaître	43	mettre	47	vaincre	51
coudre	37	mourir	25	valoir	59
courir	24	naître	44	venir	21
craindre	30	ouvrir	23	vivre	39
croire	45	partir	18	voir	57
devoir	53	payer	14	vouloir	58
dire	32	plaire	36		

◇ 単純時称の作り方

不定法		直説法現在			接続法現在		直説法半過去	
—er [e]	je (j')	—e [無音]	—s [無音]	—e [無音]	—ais [ɛ]
—ir [ir]	tu	—es [無音]	—s [無音]	—es [無音]	—ais [ɛ]
—re [r]	il	—e [無音]	—t [無音]	—e [無音]	—ait [ɛ]
—oir [war]						
	nous	—ons [ɔ̃]		—ions [jɔ̃]	—ions [jɔ̃]
現在分詞	vous	—ez [e]		—iez [je]	—iez [je]
—ant [ɑ̃]	ils	—ent [無音]		—ent [無音]	—aient [ɛ]

	直説法単純未来		条件法現在	
je (j')	—rai	[re]	—rais	[rɛ]
tu	—ras	[rɑ]	—rais	[rɛ]
il	—ra	[ra]	—rait	[rɛ]
nous	—rons	[rɔ̃]	—rions	[rjɔ̃]
vous	—rez	[re]	—riez	[rje]
ils	—ront	[rɔ̃]	—raient	[rɛ]

	直 説 法 単 純 過 去					
je	—ai	[e]	—is	[i]	—us	[y]
tu	—as	[ɑ]	—is	[i]	—us	[y]
il	—a	[a]	—it	[i]	—ut	[y]
nous	—âmes	[am]	—îmes	[im]	—ûmes	[ym]
vous	—âtes	[at]	—îtes	[it]	—ûtes	[yt]
ils	—èrent	[ɛr]	—irent	[ir]	—urent	[yr]

過去分詞	—é [e], —i [i], —u [y], —s [無音], —t [無音]

① **直説法現在**の単数形は，第一群動詞では—e，—es，—e；他の動詞ではほとんど—s，—s，—t.

② 直説法現在と接続法現在では，nous, vous の語幹が，他の人称の語幹と異なること(母音交替)がある.

③ **命令法**は，直説法現在の tu, nous, vous をとった形.（ただし—es → e　vas → va）

④ **接続法現在**は，多く直説法現在の３人称複数形から作られる. ils partent → je parte.

⑤ **直説法半過去**と**現在分詞**は，直説法現在の１人称複数形から作られる.

⑥ **直説法単純未来**と**条件法現在**は多く不定法から作られる. aimer → j'aimerai, finir → je finirai, rendre → je rendrai(-oir 型の語幹は不規則).

3

1. avoir

現在分詞 ayant / 過去分詞 eu [y]	直　説　法		
	現　在	半　過　去	単　純　過　去
	j'　ai	j'　avais	j'　eus　　［y］
	tu　as	tu　avais	tu　eus
	il　a	il　avait	il　eut
	nous　avons	nous　avions	nous　eûmes
	vous　avez	vous　aviez	vous　eûtes
	ils　ont	ils　avaient	ils　eurent
命　令　法	複　合　過　去	大　過　去	前　過　去
	j'　ai　eu	j'　avais　eu	j'　eus　eu
aie	tu　as　eu	tu　avais　eu	tu　eus　eu
	il　a　eu	il　avait　eu	il　eut　eu
ayons	nous　avons　eu	nous　avions　eu	nous　eûmes　eu
ayez	vous　avez　eu	vous　aviez　eu	vous　eûtes　eu
	ils　ont　eu	ils　avaient　eu	ils　eurent　eu

2. être

現在分詞 étant / 過去分詞 été	直　説　法		
	現　在	半　過　去	単　純　過　去
	je　suis	j'　étais	je　fus
	tu　es	tu　étais	tu　fus
	il　est	il　était	il　fut
	nous　sommes	nous　étions	nous　fûmes
	vous　êtes	vous　étiez	vous　fûtes
	ils　sont	ils　étaient	ils　furent
命　令　法	複　合　過　去	大　過　去	前　過　去
	j'　ai　été	j'　avais　été	j'　eus　été
sois	tu　as　été	tu　avais　été	tu　eus　été
	il　a　été	il　avait　été	il　eut　été
soyons	nous　avons　été	nous　avions　été	nous　eûmes　été
soyez	vous　avez　été	vous　aviez　été	vous　eûtes　été
	ils　ont　été	ils　avaient　été	ils　eurent　été

3. avoir aimé

［複合時称］
分詞複合形 ayant aimé

直　説　法		
複　合　過　去	大　過　去	前　過　去
j'　ai　aimé	j'　avais　aimé	j'　eus　aimé
tu　as　aimé	tu　avais　aimé	tu　eus　aimé
il　a　aimé	il　avait　aimé	il　eut　aimé
elle　a　aimé	elle　avait　aimé	elle　eut　aimé
nous　avons　aimé	nous　avions　aimé	nous　eûmes　aimé
vous　avez　aimé	vous　aviez　aimé	vous　eûtes　aimé
ils　ont　aimé	ils　avaient　aimé	ils　eurent　aimé
elles　ont　aimé	elles　avaient　aimé	elles　eurent　aimé

命　令　法
aie aimé
ayons aimé
ayez aimé

4. être allé(e)(s)

［複合時称］
分詞複合形 étant allé(e)(s)

直　説　法		
複　合　過　去	大　過　去	前　過　去
je　suis　allé(e)	j'　étais　allé(e)	je　fus　allé(e)
tu　es　allé(e)	tu　étais　allé(e)	tu　fus　allé(e)
il　est　allé	il　était　allé	il　fut　allé
elle　est　allée	elle　était　allée	elle　fut　allée
nous　sommes　allé(e)s	nous　étions　allé(e)s	nous　fûmes　allé(e)s
vous　êtes　allé(e)(s)	vous　étiez　allé(e)(s)	vous　fûtes　allé(e)(s)
ils　sont　allés	ils　étaient　allés	ils　furent　allés
elles　sont　allées	elles　étaient　allées	elles　furent　allées

命　令　法
sois allé(e)
soyons allé(e)s
soyez allé(e)(s)

条 件 法		接 続 法	
単 純 未 来	**現 在**	**現 在**	**半 過 去**
j' aurai	j' aurais	j' aie	j' eusse
tu auras	tu aurais	tu aies	tu eusses
il aura	il aurait	il ait	il eût
nous aurons	nous aurions	nous ayons	nous eussions
vous aurez	vous auriez	vous ayez	vous eussiez
ils auront	ils auraient	ils aient	ils eussent
前 未 来	**過 去**	**過 去**	**大 過 去**
j' aurai eu	j' aurais eu	j' aie eu	j' eusse eu
tu auras eu	tu aurais eu	tu aies eu	tu eusses eu
il aura eu	il aurait eu	il ait eu	il eût eu
nous aurons eu	nous aurions eu	nous ayons eu	nous eussions eu
vous aurez eu	vous auriez eu	vous ayez eu	vous eussiez eu
ils auront eu	ils auraient eu	ils aient eu	ils eussent eu

条 件 法		接 続 法	
単 純 未 来	**現 在**	**現 在**	**半 過 去**
je serai	je serais	je sois	je fusse
tu seras	tu serais	tu sois	tu fusses
il sera	il serait	il soit	il fût
nous serons	nous serions	nous soyons	nous fussions
vous serez	vous seriez	vous soyez	vous fussiez
ils seront	ils seraient	ils soient	ils fussent
前 未 来	**過 去**	**過 去**	**大 過 去**
j' aurai été	j' aurais été	j' aie été	j' eusse été
tu auras été	tu aurais été	tu aies été	tu eusses été
il aura été	il aurait été	il ait été	il eût été
nous aurons été	nous aurions été	nous ayons été	nous eussions été
vous aurez été	vous auriez été	vous ayez été	vous eussiez été
ils auront été	ils auraient été	ils aient été	ils eussent été

条 件 法		接 続 法	
前 未 来	**過 去**	**過 去**	**大 過 去**
j' aurai aimé	j' aurais aimé	j' aie aimé	j' eusse aimé
tu auras aimé	tu aurais aimé	tu aies aimé	tu eusses aimé
il aura aimé	il aurait aimé	il ait aimé	il eût aimé
elle aura aimé	elle aurait aimé	elle ait aimé	elle eût aimé
nous aurons aimé	nous aurions aimé	nous ayons aimé	nous eussions aimé
vous aurez aimé	vous auriez aimé	vous ayez aimé	vous eussiez aimé
ils auront aimé	ils auraient aimé	ils aient aimé	ils eussent aimé
elles auront aimé	elles auraient aimé	elles aient aimé	elles eussent aimé

条 件 法		接 続 法	
前 未 来	**過 去**	**過 去**	**大 過 去**
je serai allé(e)	je serais allé(e)	je sois allé(e)	je fusse allé(e)
tu seras allé(e)	tu serais allé(e)	tu sois allé(e)	tu fusse allé(e)
il sera allé	il serait allé	il soit allé	il fût allé
elle sera allée	elle serait allée	elle soit allée	elle fût allée
nous serons allé(e)s	nous serions allé(e)s	nous soyons allé(e)s	nous fussions allé(e)s
vous serez allé(e)(s)	vous seriez allé(e)(s)	vous soyez allé(e)(s)	vous fussiez allé(e)(s)
ils seront allés	ils seraient allés	ils soient allés	ils fussent allés
elles seront allées	elles seraient allées	elles soient allées	elles fussent allées

5. être aimé(e)(s) ［受動態］

直　説　法						接　続　法		
現　在			**複　合　過　去**			**現　在**		
je	suis	aimé(e)	j'	ai	été aimé(e)	je	sois	aimé(e)
tu	es	aimé(e)	tu	as	été aimé(e)	tu	sois	aimé(e)
il	est	aimé	il	a	été aimé	il	soit	aimé
elle	est	aimée	elle	a	été aimée	elle	soit	aimée
nous	sommes	aimé(e)s	nous	avons	été aimé(e)s	nous	soyons	aimé(e)s
vous	êtes	aimé(e)(s)	vous	avez	été aimé(e)(s)	vous	soyez	aimé(e)(s)
ils	sont	aimés	ils	ont	été aimés	ils	soient	aimés
elles	sont	aimées	elles	ont	été aimées	elles	soient	aimées
半　過　去			**大　過　去**			**過　去**		
j'	étais	aimé(e)	j'	avais	été aimé(e)	j'	aie	été aimé(e)
tu	étais	aimé(e)	tu	avais	été aimé(e)	tu	aies	été aimé(e)
il	était	aimé	il	avait	été aimé	il	ait	été aimé
elle	était	aimée	elle	avait	été aimée	elle	ait	été aimée
nous	étions	aimé(e)s	nous	avions	été aimé(e)s	nous	ayons	été aimé(e)s
vous	étiez	aimé(e)(s)	vous	aviez	été aimé(e)(s)	vous	ayez	été aimé(e)(s)
ils	étaient	aimés	ils	avaient	été aimés	ils	aient	été aimés
elles	étaient	aimées	elles	avaient	été aimées	elles	aient	été aimées
単　純　過　去			**前　過　去**			**半　過　去**		
je	fus	aimé(e)	j'	eus	été aimé(e)	je	fusse	aimé(e)
tu	fus	aimé(e)	tu	eus	été aimé(e)	tu	fusses	aimé(e)
il	fut	aimé	il	eut	été aimé	il	fût	aimé
elle	fut	aimée	elle	eut	été aimée	elle	fût	aimée
nous	fûmes	aimé(e)s	nous	eûmes	été aimé(e)s	nous	fussions	aimé(e)s
vous	fûtes	aimé(e)(s)	vous	eûtes	été aimé(e)(s)	vous	fussiez	aimé(e)(s)
ils	furent	aimés	ils	eurent	été aimés	ils	fussent	aimés
elles	furent	aimées	elles	eurent	été aimées	elles	fussent	aimées
単　純　未　来			**前　未　来**			**大　過　去**		
je	serai	aimé(e)	j'	aurai	été aimé(e)	j'	eusse	été aimé(e)
tu	seras	aimé(e)	tu	auras	été aimé(e)	tu	eusses	été aimé(e)
il	sera	aimé	il	aura	été aimé	il	eût	été aimé
elle	sera	aimée	elle	aura	été aimée	elle	eût	été aimée
nous	serons	aimé(e)s	nous	aurons	été aimé(e)s	nous	eussions	été aimé(e)s
vous	serez	aimé(e)(s)	vous	aurez	été aimé(e)(s)	vous	eussiez	été aimé(e)(s)
ils	seront	aimés	ils	auront	été aimés	ils	eussent	été aimés
elles	seront	aimées	elles	auront	été aimées	elles	eussent	été aimées

条　件　法						現在分詞
現　在			**過　去**			étant aimé(e)(s)
je	serais	aimé(e)	j'	aurais	été aimé(e)	
tu	serais	aimé(e)	tu	aurais	été aimé(e)	**過去分詞**
il	serait	aimé	il	aurait	été aimé	été aimé(e)(s)
elle	serait	aimée	elle	aurait	été aimée	
nous	serions	aimé(e)s	nous	aurions	été aimé(e)s	**命　令　法**
vous	seriez	aimé(e)(s)	vous	auriez	été aimé(e)(s)	sois　aimé(e)s
ils	seraient	aimés	ils	auraient	été aimés	soyons　aimé(e)s
elles	seraient	aimées	elles	auraient	été aimées	soyez　aimé(e)(s)

6. se lever ［代名動詞］

直　　説　　法							接　続　法		
現　在			複　合　過　去				現　在		
je	me	lève	je	me	suis	levé(e)	je	me	lève
tu	te	lèves	tu	t'	es	levé(e)	tu	te	lèves
il	se	lève	il	s'	est	levé	il	se	lève
elle	se	lève	elle	s'	est	levée	elle	se	lève
nous	nous	levons	nous	nous	sommes	levé(e)s	nous	nous	levions
vous	vous	levez	vous	vous	êtes	levé(e)(s)	vous	vous	leviez
ils	se	lèvent	ils	se	sont	levés	ils	se	lèvent
elles	se	lèvent	elles	se	sont	levées	elles	se	lèvent
半　過　去			大　過　去				過　去		
je	me	levais	je	m'	étais	levé(e)	je	me	sois	levé(e)
tu	te	levais	tu	t'	étais	levé(e)	tu	te	sois	levé(e)
il	se	levait	il	s'	était	levé	il	se	soit	levé
elle	se	levait	elle	s'	était	levée	elle	se	soit	levée
nous	nous	levions	nous	nous	étions	levé(e)s	nous	nous	soyons	levé(e)s
vous	vous	leviez	vous	vous	étiez	levé(e)(s)	vous	vous	soyez	levé(e)(s)
ils	se	levaient	ils	s'	étaient	levés	ils	se	soient	levés
elles	se	levaient	elles	s'	étaient	levées	elles	se	soient	levées
単　純　過　去			前　過　去				半　過　去		
je	me	levai	je	me	fus	levé(e)	je	me	levasse
tu	te	levas	tu	te	fus	levé(e)	tu	te	levasses
il	se	leva	il	se	fut	levé	il	se	levât
elle	se	leva	elle	se	fut	levée	elle	se	levât
nous	nous	levâmes	nous	nous	fûmes	levé(e)s	nous	nous	levassions
vous	vous	levâtes	vous	vous	fûtes	levé(e)(s)	vous	vous	levassiez
ils	se	levèrent	ils	se	furent	levés	ils	se	levassent
elles	se	levèrent	elles	se	furent	levées	elles	se	levassent
単　純　未　来			前　未　来				大　過　去		
je	me	lèverai	je	me	serai	levé(e)	je	me	fusse	levé(e)
tu	te	lèveras	tu	te	seras	levé(e)	tu	te	fusses	levé(e)
il	se	lèvera	il	se	sera	levé	il	se	fût	levé
elle	se	lèvera	elle	se	sera	levée	elle	se	fût	levée
nous	nous	lèverons	nous	nous	serons	levé(e)s	nous	nous	fussions	levé(e)s
vous	vous	lèverez	vous	vous	serez	levé(e)(s)	vous	vous	fussiez	levé(e)(s)
ils	se	lèveront	ils	se	seront	levés	ils	se	fussent	levés
elles	se	lèveront	elles	se	seront	levées	elles	se	fussent	levées

条　　件　　法							現在分詞
現　在			過　去				
je	me	lèverais	je	me	serais	levé(e)	se levant
tu	te	lèverais	tu	te	serais	levé(e)	
il	se	lèverait	il	se	serait	levé	
elle	se	lèverait	elle	se	serait	levée	命　令　法
nous	nous	lèverions	nous	nous	serions	levé(e)s	
vous	vous	lèveriez	vous	vous	seriez	levé(e)(s)	lève-toi
ils	se	lèveraient	ils	se	seraient	levés	levons-nous
elles	se	lèveraient	elles	se	seraient	levées	levez-vous

◇ se が間接補語のとき過去分詞は性・数の変化をしない.

7

不 定 法 現在分詞 過去分詞	直　説　法			
	現　　在	半　過　去	単純過去	単純未来
7. aimer *aimant* *aimé*	j'　aime tu　aimes il　aime n.　aimons v.　aimez ils　aiment	j'　aimais tu　aimais il　aimait n.　aimions v.　aimiez ils　aimaient	j'　aimai tu　aimas il　aima n.　aimâmes v.　aimâtes ils　aimèrent	j'　aimerai tu　aimeras il　aimera n.　aimerons v.　aimerez ils　aimeront
8. commencer *commençant* *commencé*	je　commence tu　commences il　commence n.　commençons v.　commencez ils　commencent	je　commençais tu　commençais il　commençait n.　commencions v.　commenciez ils　commençaient	je　commençai tu　commenças il　commença n.　commençâmes v.　commençâtes ils　commencèrent	je　commencerai tu　commenceras il　commencera n.　commencerons v.　commencerez ils　commenceront
9. manger *mangeant* *mangé*	je　mange tu　manges il　mange n.　mangeons v.　mangez ils　mangent	je　mangeais tu　mangeais il　mangeait n.　mangions v.　mangiez ils　mangeaient	je　mangeai tu　mangeas il　mangea n.　mangeâmes v.　mangeâtes ils　mangèrent	je　mangerai tu　mangeras il　mangera n.　mangerons v.　mangerez ils　mangeront
10. acheter *achetant* *acheté*	j'　achète tu　achètes il　achète n.　achetons v.　achetez ils　achètent	j'　achetais tu　achetais il　achetait n.　achetions v.　achetiez ils　achetaient	j'　achetai tu　achetas il　acheta n.　achetâmes v.　achetâtes ils　achetèrent	j'　achèterai tu　achèteras il　achètera n.　achèterons v.　achèterez ils　achèteront
11. appeler *appelant* *appelé*	j'　appelle tu　appelles il　appelle n.　appelons v.　appelez ils　appellent	j'　appelais tu　appelais il　appelait n.　appelions v.　appeliez ils　appelaient	j'　appelai tu　appelas il　appela n.　appelâmes v.　appelâtes ils　appelèrent	j'　appellerai tu　appelleras il　appellera n.　appellerons v.　appellerez ils　appelleront
12. préférer *préférant* *préféré*	je　préfère tu　préfères il　préfère n.　préférons v.　préférez ils　préfèrent	je　préférais tu　préférais il　préférait n.　préférions v.　préfériez ils　préféraient	je　préférai tu　préféras il　préféra n.　préférâmes v.　préférâtes ils　préférèrent	je　préférerai tu　préféreras il　préférera n.　préférerons v.　préférerez ils　préféreront
13. employer *employant* *employé*	j'　emploie tu　emploies il　emploie n.　employons v.　employez ils　emploient	j'　employais tu　employais il　employait n.　employions v.　employiez ils　employaient	j'　employai tu　employas il　employa n.　employâmes v.　employâtes ils　employèrent	j'　emploierai tu　emploieras il　emploiera n.　emploierons v.　emploierez ils　emploieront

条 件 法	接 続 法		命 令 法	同 型
現　在	現　在	半 過 去		
j'　aimerais tu　aimerais il　aimerait n.　aimerions v.　aimeriez ils　aimeraient	j'　aime tu　aimes il　aime n.　aimions v.　aimiez ils　aiment	j'　aimasse tu　aimasses il　aimât n.　aimassions v.　aimassiez ils　aimassent	aime aimons aimez	注 語尾 -er の動詞 （除：aller, envoyer） を**第一群規則動詞**と もいう.
je　commencerais tu　commencerais il　commencerait n.　commencerions v.　commenceriez ils　commenceraient	je　commence tu　commences il　commence n.　commencions v.　commenciez ils　commencent	je　commençasse tu　commençasses il　commençât n.　commençassions v.　commençassiez ils　commençassent	commence commençons commencez	**avancer** **effacer** **forcer** **lancer** **placer** **prononcer** **remplacer** **renoncer**
je　mangerais tu　mangerais il　mangerait n.　mangerions v.　mangeriez ils　mangeraient	je　mange tu　manges il　mange n.　mangions v.　mangiez ils　mangent	je　mangeasse tu　mangeasses il　mangeât n.　mangeassions v.　mangeassiez ils　mangeassent	mange mangeons mangez	**arranger** **changer** **charger** **déranger** **engager** **manger** **obliger** **voyager**
j'　achèterais tu　achèterais il　achèterait n.　achèterions v.　achèteriez ils　achèteraient	j'　achète tu　achètes il　achète n.　achetions v.　achetiez ils　achètent	j'　achetasse tu　achetasses il　achetât n.　achetassions v.　achetassiez ils　achetassent	achète achetons achetez	**achever** **amener** **enlever** **lever** **mener** **peser** **(se) promener**
j'　appellerais tu　appellerais il　appellerait n.　appellerions v.　appelleriez ils　appelleraient	j'　appelle tu　appelles il　appelle n.　appelions v.　appeliez ils　appellent	j'　appelasse tu　appelasses il　appelât n.　appelassions v.　appelassiez ils　appelassent	appelle appelons appelez	**jeter** **rappeler** **rejeter** **renouveler**
je　préférerais tu　préférerais il　préférerait n.　préférerions v.　préféreriez ils　préféreraient	je　préfère tu　préfères il　préfère n.　préférions v.　préfériez ils　préfèrent	je　préférasse tu　préférasses il　préférât n.　préférassions v.　préférassiez ils　préférassent	préfère préférons préférez	**considérer** **désespérer** **espérer** **inquiéter** **pénétrer** **posséder** **répéter** **sécher**
j'　emploierais tu　emploierais il　emploierait n.　emploierions v.　emploieriez ils　emploieraient	j'　emploie tu　emploies il　emploie n.　employions v.　employiez ils　emploient	j'　employasse tu　employasses il　employât n.　employassions v.　employassiez ils　employassent	emploie employons employez	**-oyer**（除：**envoyer**） **-uyer** **appuyer** **ennuyer** **essuyer** **nettoyer**

不 定 法 現在分詞 過去分詞	直　説　法			
	現　在	半　過　去	単純過去	単純未来
14. payer *payant* *payé*	je　paye (paie) tu　payes (paies) il　paye (paie) n.　payons v.　payez ils　payent (paient)	je　payais tu　payais il　payait n.　payions v.　payiez ils　payaient	je　payai tu　payas il　paya n.　payâmes v.　payâtes ils　payèrent	je　payerai (paierai) tu　payeras (*etc.* . . . .) il　payera n.　payerons v.　payerez ils　payeront
15. envoyer *envoyant* *envoyé*	j'　envoie tu　envoies il　envoie n.　envoyons v.　envoyez ils　envoient	j'　envoyais tu　envoyais il　envoyait n.　envoyions v.　envoyiez ils　envoyaient	j'　envoyai tu　envoyas il　envoya n.　envoyâmes v.　envoyâtes ils　envoyèrent	j'　**enverrai** tu　**enverras** il　**enverra** n.　**enverrons** v.　**enverrez** ils　**enverront**
16. aller *allant* *allé*	je　**vais** tu　**vas** il　**va** n.　allons v.　allez ils　**vont**	j'　allais tu　allais il　allait n.　allions v.　alliez ils　allaient	j'　allai tu　allas il　alla n.　allâmes v.　allâtes ils　allèrent	j'　**irai** tu　**iras** il　**ira** n.　**irons** v.　**irez** ils　**iront**
17. finir *finissant* *fini*	je　finis tu　finis il　finit n.　finissons v.　finissez ils　finissent	je　finissais tu　finissais il　finissait n.　finissions v.　finissiez ils　finissaient	je　finis tu　finis il　finit n.　finîmes v.　finîtes ils　finirent	je　finirai tu　finiras il　finira n.　finirons v.　finirez ils　finiront
18. partir *partant* *parti*	je　pars tu　pars il　part n.　partons v.　partez ils　partent	je　partais tu　partais il　partait n.　partions v.　partiez ils　partaient	je　partis tu　partis il　partit n.　partîmes v.　partîtes ils　partirent	je　partirai tu　partiras il　partira n.　partirons v.　partirez ils　partiront
19. sentir *sentant* *senti*	je　sens tu　sens il　sent n.　sentons v.　sentez ils　sentent	je　sentais tu　sentais il　sentait n.　sentions v.　sentiez ils　sentaient	je　sentis tu　sentis il　sentit n.　sentîmes v.　sentîtes ils　sentirent	je　sentirai tu　sentiras il　sentira n.　sentirons v.　sentirez ils　sentiront
20. tenir *tenant* *tenu*	je　tiens tu　tiens il　tient n.　tenons v.　tenez ils　tiennent	je　tenais tu　tenais il　tenait n.　tenions v.　teniez ils　tenaient	je　tins tu　tins il　tint n.　tînmes v.　tîntes ils　tinrent	je　**tiendrai** tu　**tiendras** il　**tiendra** n.　**tiendrons** v.　**tiendrez** ils　**tiendront**

条　件　法	接　続　法		命　令　法	同　型
現　　在	現　　在	半　過　去		
je payerais (paierais) tu payerais (*etc. . . .*) il payerait n. payerions v. payeriez ils payeraient	je paye (paie) tu payes (paies) il paye (paie) n. payions v. payiez ils payent (paient)	je payasse tu payasses il payât n. payassions v. payassiez ils payassent	paie (paye) payons payez	［発音］ je paye [ʒəpɛj], je paie ［ʒəpɛ］; je payerai [ʒəpɛjre], je paierai ［ʒəpɛre］.
j' enverrais tu enverrais il enverrait n. enverrions v. enverriez ils enverraient	j' envoie tu envoies il envoie n. envoyions v. envoyiez ils envoient	j' envoyasse tu envoyasses il envoyât n. envoyassions v. envoyassiez ils envoyassent	envoie envoyons envoyez	注 未来, 条・現を除いては, **13** と同じ. **renvoyer**
j' irais tu irais il irait n. irions v. iriez ils iraient	j' **aille** tu **ailles** il **aille** n. allions v. alliez ils **aillent**	j' allasse tu allasses il allât n. allassions v. allassiez ils allassent	**va** allons allez	注 y がつくとき命令法・現在は vas: vas-y. 直・現・3 人称複数に ont の語尾をもつものは他に ont(avoir), sont(être), font(faire)のみ.
je finirais tu finirais il finirait n. finirions v. finiriez ils finiraient	je finisse tu finisses il finisse n. finissions v. finissiez ils finissent	je finisse tu finisses il finît n. finissions v. finissiez ils finissent	finis finissons finissez	注 finir 型の動詞を第 2 群規則動詞という.
je partirais tu partirais il partirait n. partirions v. partiriez ils partiraient	je parte tu partes il parte n. partions v. partiez ils partent	je partisse tu partisses il partît n. partissions v. partissiez ils partissent	pars partons partez	注 助動詞は être. **sortir**
je sentirais tu sentirais il sentirait n. sentirions v. sentiriez ils sentiraient	je sente tu sentes il sente n. sentions v. sentiez ils sentent	je sentisse tu sentisses il sentît n. sentissions v. sentissiez ils sentissent	sens sentons sentez	注 **18** と助動詞を除けば同型.
je tiendrais tu tiendrais il tiendrait n. tiendrions v. tiendriez ils tiendraient	je tienne tu tiennes il tienne n. tenions v. teniez ils tiennent	je tinsse tu tinsses il tînt n. tinssions v. tinssiez ils tinssent	tiens tenons tenez	注 **venir 21** と同型, ただし, 助動詞は avoir.

不 定 法 現在分詞 過去分詞	直 説 法			
	現　　在	半　過　去	単純過去	単純未来
21. venir *venant* *venu*	je viens tu viens il vient n. venons v. venez ils viennent	je venais tu venais il venait n. venions v. veniez ils venaient	je vins tu vins il vint n. vînmes v. vîntes ils vinrent	je **viendrai** tu **viendras** il **viendra** n. **viendrons** v. **viendrez** ils **viendront**
22. accueillir *accueillant* *accueilli*	j' **accueille** tu **accueilles** il **accueille** n. accueillons v. accueillez ils accueillent	j' accueillais tu accueillais il accueillait n. accueillions v. accueilliez ils accueillaient	j' accueillis tu accueillis il accueillit n. accueillîmes v. accueillîtes ils accueillirent	j' **accueillerai** tu **accueilleras** il **accueillera** n. **accueillerons** v. **accueillerez** ils **accueilleront**
23. ouvrir *ouvrant* *ouvert*	j' **ouvre** tu **ouvres** il **ouvre** n. ouvrons v. ouvrez ils ouvrent	j' ouvrais tu ouvrais il ouvrait n. ouvrions v. ouvriez ils ouvraient	j' ouvris tu ouvris il ouvrit n. ouvrîmes v. ouvrîtes ils ouvrirent	j' ouvrirai tu ouvriras il ouvrira n. ouvrirons v. ouvrirez ils ouvriront
24. courir *courant* *couru*	je cours tu cours il court n. courons v. courez ils courent	je courais tu courais il courait n. courions v. couriez ils couraient	je courus tu courus il courut n. courûmes v. courûtes ils coururent	je **courrai** tu **courras** il **courra** n. **courrons** v. **courrez** ils **courront**
25. mourir *mourant* *mort*	je meurs tu meurs il meurt n. mourons v. mourez ils meurent	je mourais tu mourais il mourait n. mourions v. mouriez ils mouraient	je mourus tu mourus il mourut n. mourûmes v. mourûtes ils moururent	je **mourrai** tu **mourras** il **mourra** n. **mourrons** v. **mourrez** ils **mourront**
26. acquérir *acquérant* *acquis*	j' acquiers tu acquiers il acquiert n. acquérons v. acquérez ils acquièrent	j' acquérais tu acquérais il acquérait n. acquérions v. acquériez ils acquéraient	j' acquis tu acquis il acquit n. acquîmes v. acquîtes ils acquirent	j' **acquerrai** tu **acquerras** il **acquerra** n. **acquerrons** v. **acquerrez** ils **acquerront**
27. fuir *fuyant* *fui*	je fuis tu fuis il fuit n. fuyons v. fuyez ils fuient	je fuyais tu fuyais il fuyait n. fuyions v. fuyiez ils fuyaient	je fuis tu fuis il fuit n. fuîmes v. fuîtes ils fuirent	je fuirai tu fuiras il fuira n. fuirons v. fuirez ils fuiront

条　件　法	接　続　法		命　令　法	同　　型
現　　在	現　　在	半　過　去		
je viendrais tu viendrais il viendrait n. viendrions v. viendriez ils viendraient	je vienne tu viennes il vienne n. venions v. veniez ils viennent	je vinsse tu vinsses il vînt n. vinssions v. vinssiez ils vinssent	viens venons venez	注 助動詞は être. **devenir** **intervenir** **prévenir** **revenir** **(se) souvenir**
j' accueillerais tu accueillerais il accueillerait n. accueillerions v. accueilleriez ils accueilleraient	j' accueille tu accueilles il accueille n. accueillions v. accueilliez ils accueillent	j' accueillisse tu accueillisses il accueillît n. accueillissions v. accueillissiez ils accueillissent	**accueille** accueillons accueillez	**cueillir**
j' ouvrirais tu ouvrirais il ouvrirait n. ouvririons v. ouvririez ils ouvriraient	j' ouvre tu ouvres il ouvre n. ouvrions v. ouvriez ils ouvrent	j' ouvrisse tu ouvrisses il ouvrît n. ouvrissions v. ouvrissiez ils ouvrissent	**ouvre** ouvrons ouvrez	**couvrir** **découvrir** **offrir** **souffrir**
je courrais tu courrais il courrait n. courrions v. courriez ils courraient	je coure tu coures il coure n. courions v. couriez ils courent	je courusse tu courusses il courût n. courussions v. courussiez ils courussent	cours courons courez	**accourir**
je mourrais tu mourrais il mourrait n. mourrions v. mourriez ils mourraient	je meure tu meures il meure n. mourions v. mouriez ils meurent	je mourusse tu mourusses il mourût n. mourussions v. mourussiez ils mourussent	meurs mourons mourez	注 助動詞は être.
j' acquerrais tu acquerrais il acquerrait n. acquerrions v. acquerriez ils acquerraient	j' acquière tu acquières il acquière n. acquérions v. acquériez ils acquièrent	j' acquisse tu acquisses il acquît n. acquissions v. acquissiez ils acquissent	acquiers acquérons acquérez	**conquérir**
je fuirais tu fuirais il fuirait n. fuirions v. fuiriez ils fuiraient	je fuie tu fuies il fuie n. fuyions v. fuyiez ils fuient	je fuisse tu fuisses il fuît n. fuissions v. fuissiez ils fuissent	fuis fuyons fuyez	**s'enfuir**

不 定 法 現在分詞 過去分詞	直　説　法			
	現　　在	半　過　去	単　純　過　去	単　純　未　来
28. rendre *rendant* *rendu*	je rends tu rends il **rend** n. rendons v. rendez ils rendent	je rendais tu rendais il rendait n. rendions v. rendiez ils rendaient	je rendis tu rendis il rendit n. rendîmes v. rendîtes ils rendirent	je rendrai tu rendras il rendra n. rendrons v. rendrez ils rendront
29. prendre *prenant* *pris*	je prends tu prends il **prend** n. prenons v. prenez ils prennent	je prenais tu prenais il prenait n. prenions v. preniez ils prenaient	je pris tu pris il prit n. prîmes v. prîtes ils prirent	je prendrai tu prendras il prendra n. prendrons v. prendrez ils prendront
30. craindre *craignant* *craint*	je crains tu crains il craint n. craignons v. craignez ils craignent	je craignais tu craignais il craignait n. craignions v. craigniez ils craignaient	je craignis tu craignis il craignit n. craignîmes v. craignîtes ils craignirent	je craindrai tu craindras il craindra n. craindrons v. craindrez ils craindront
31. faire *faisant* *fait*	je fais tu fais il fait n. faisons v. **faites** ils **font**	je faisais tu faisais il faisait n. faisions v. faisiez ils faisaient	je fis tu fis il fit n. fîmes v. fîtes ils firent	je **ferai** tu **feras** il **fera** n. **ferons** v. **ferez** ils **feront**
32. dire *disant* *dit*	je dis tu dis il dit n. disons v. **dites** ils disent	je disais tu disais il disait n. disions v. disiez ils disaient	je dis tu dis il dit n. dîmes v. dîtes ils dirent	je dirai tu diras il dira n. dirons v. direz ils diront
33. lire *lisant* *lu*	je lis tu lis il lit n. lisons v. lisez ils lisent	je lisais tu lisais il lisait n. lisions v. lisiez ils lisaient	je lus tu lus il lut n. lûmes v. lûtes ils lurent	je lirai tu liras il lira n. lirons v. lirez ils liront
34. suffire *suffisant* *suffi*	je suffis tu suffis il suffit n. suffisons v. suffisez ils suffisent	je suffisais tu suffisais il suffisait n. suffisions v. suffisiez ils suffisaient	je suffis tu suffis il suffit n. suffîmes v. suffîtes ils suffirent	je suffirai tu suffiras il suffira n. suffirons v. suffirez ils suffiront

条 件 法	接 続 法		命 令 法	同 型
現 在	現 在	半 過 去		
je rendrais tu rendrais il rendrait n. rendrions v. rendriez ils rendraient	je rende tu rendes il rende n. rendions v. rendiez ils rendent	je rendisse tu rendisses il rendît n. rendissions v. rendissiez ils rendissent	rends rendons rendez	**attendre** **descendre** **entendre** **pendre** **perdre** **répandre** **répondre** **vendre**
je prendrais tu prendrais il prendrait n. prendrions v. prendriez ils prendraient	je prenne tu prennes il prenne n. prenions v. preniez ils prennent	je prisse tu prisses il prît n. prissions v. prissiez ils prissent	prends prenons prenez	**apprendre** **comprendre** **entreprendre** **reprendre** **surprendre**
je craindrais tu craindrais il craindrait n. craindrions v. craindriez ils craindraient	je craigne tu craignes il craigne n. craignions v. craigniez ils craignent	je craignisse tu craignisses il craignît n. craignissions v. craignissiez ils craignissent	crains craignons craignez	**atteindre** **éteindre** **joindre** **peindre** **plaindre**
je ferais tu ferais il ferait n. ferions v. feriez ils feraient	je **fasse** tu **fasses** il **fasse** n. **fassions** v. **fassiez** ils **fassent**	je fisse tu fisses il fît n. fissions v. fissiez ils fissent	fais faisons **faites**	**défaire** **refaire** **satisfaire** 注 fais-[f(ə)z-]
je dirais tu dirais il dirait n. dirions v. diriez ils diraient	je dise tu dises il dise n. disions v. disiez ils disent	je disse tu disses il dît n. dissions v. dissiez ils dissent	dis disons **dites**	**redire**
je lirais tu lirais il lirait n. lirions v. liriez ils liraient	je lise tu lises il lise n. lisions v. lisiez ils lisent	je lusse tu lusses il lût n. lussions v. lussiez ils lussent	lis lisons lisez	**relire** **élire**
je suffirais tu suffirais il suffirait n. suffirions v. suffiriez ils suffiraient	je suffise tu suffises il suffise n. suffisions v. suffisiez ils suffisent	je suffisse tu suffisses il suffît n. suffissions v. suffissiez ils suffissent	suffis suffisons suffisez	

不 定 法 現在分詞 過去分詞	直 説 法			
	現　　在	半 過 去	単純過去	単純未来
35. conduire *conduisant* *conduit*	je conduis tu conduis il conduit n. conduisons v. conduisez ils conduisent	je conduisais tu conduisais il conduisait n. conduisions v. conduisiez ils conduisaient	je conduisis tu conduisis il conduisit n. conduisîmes v. conduisîtes ils conduisirent	je conduirai tu conduiras il conduira n. conduirons v. conduirez ils conduiront
36. plaire *plaisant* *plu*	je plais tu plais il **plaît** n. plaisons v. plaisez ils plaisent	je plaisais tu plaisais il plaisait n. plaisions v. plaisiez ils plaisaient	je plus tu plus il plut n. plûmes v. plûtes ils plurent	je plairai tu plairas il plaira n. plairons v. plairez ils plairont
37. coudre *cousant* *cousu*	je couds tu couds il coud n. cousons v. cousez ils cousent	je cousais tu cousais il cousait n. cousions v. cousiez ils cousaient	je cousis tu cousis il cousit n. cousîmes v. cousîtes ils cousirent	je coudrai tu coudras il coudra n. coudrons v. coudrez ils coudront
38. suivre *suivant* *suivi*	je suis tu suis il suit n. suivons v. suivez ils suivent	je suivais tu suivais il suivait n. suivions v. suiviez ils suivaient	je suivis tu suivis il suivit n. suivîmes v. suivîtes ils suivirent	je suivrai tu suivras il suivra n. suivrons v. suivrez ils suivront
39. vivre *vivant* *vécu*	je vis tu vis il vit n. vivons v. vivez ils vivent	je vivais tu vivais il vivait n. vivions v. viviez ils vivaient	je vécus tu vécus il vécut n. vécûmes v. vécûtes ils vécurent	je vivrai tu vivras il vivra n. vivrons v. vivrez ils vivront
40. écrire *écrivant* *écrit*	j' écris tu écris il écrit n. écrivons v. écrivez ils écrivent	j' écrivais tu écrivais il écrivait n. écrivions v. écriviez ils écrivaient	j' écrivis tu écrivis il écrivit n. écrivîmes v. écrivîtes ils écrivirent	j' écrirai tu écriras il écrira n. écrirons v. écrirez ils écriront
41. boire *buvant* *bu*	je bois tu bois il boit n. buvons v. buvez ils boivent	je buvais tu buvais il buvait n. buvions v. buviez ils buvaient	je bus tu bus il but n. bûmes v. bûtes ils burent	je boirai tu boiras il boira n. boirons v. boirez ils boiront

条 件 法	接 続 法		命 令 法	同 型
現　在	現　在	半　過　去		
je conduirais tu conduirais il conduirait n. conduirions v. conduiriez ils conduiraient	je conduise tu conduises il conduise n. conduisions v. conduisiez ils conduisent	je conduisisse tu conduisisses il conduisît n. conduisissions v. conduisissiez ils conduisissent	conduis conduisons conduisez	**construire** **cuire** **détruire** **instruire** **introduire** **produire** **traduire**
je plairais tu plairais il plairait n. plairions v. plairiez ils plairaient	je plaise tu plaises il plaise n. plaisions v. plaisiez ils plaisent	je plusse tu plusses il plût n. plussions v. plussiez ils plussent	plais plaisons plaisez	**déplaire** **(se) taire** （ただし il se tait）
je coudrais tu coudrais il coudrait n. coudrions v. coudriez ils coudraient	je couse tu couses il couse n. cousions v. cousiez ils cousent	je cousisse tu cousisses il cousît n. cousissions v. cousissiez ils cousissent	couds cousons cousez	
je suivrais tu suivrais il suivrait n. suivrions v. suivriez ils suivraient	je suive tu suives il suive n. suivions v. suiviez ils suivent	je suivisse tu suivisses il suivît n. suivissions v. suivissiez ils suivissent	suis suivons suivez	**poursuivre**
je vivrais tu vivrais il vivrait n. vivrions v. vivriez ils vivraient	je vive tu vives il vive n. vivions v. viviez ils vivent	je vécusse tu vécusses il vécût n. vécussions v. vécussiez ils vécussent	vis vivons vivez	
j' écrirais tu écrirais il écrirait n. écririons v. écririez ils écriraient	j' écrive tu écrives il écrive n. écrivions v. écriviez ils écrivent	j' écrivisse tu écrivisses il écrivît n. écrivissions v. écrivissiez ils écrivissent	écris écrivons écrivez	**décrire** **inscrire**
je boirais tu boirais il boirait n. boirions v. boiriez ils boiraient	je boive tu boives il boive n. buvions v. buviez ils boivent	je busse tu busses il bût n. bussions v. bussiez ils bussent	bois buvons buvez	

不 定 法 現在分詞 過去分詞	直 説 法			
	現　　在	半　過　去	単純過去	単純未来
42. résoudre *résolvant* *résolu*	je résous tu résous il résout n. résolvons v. résolvez ils résolvent	je résolvais tu résolvais il résolvait n. résolvions v. résolviez ils résolvaient	je résolus tu résolus il résolut n. résolûmes v. résolûtes ils résolurent	je résoudrai tu résoudras il résoudra n. résoudrons v. résoudrez ils résoudront
43. connaître *connaissant* *connu*	je connais tu connais il **connaît** n. connaissons v. connaissez ils connaissent	je connaissais tu connaissais il connaissait n. connaissions v. connaissiez ils connaissaient	je connus tu connus il connut n. connûmes v. connûtes ils connurent	je connaîtrai tu connaîtras il connaîtra n. connaîtrons v. connaîtrez ils connaîtront
44. naître *naissant* *né*	je nais tu nais il **naît** n. naissons v. naissez ils naissent	je naissais tu naissais il naissait n. naissions v. naissiez ils naissaient	je naquis tu naquis il naquit n. naquîmes v. naquîtes ils naquirent	je naîtrai tu naîtras il naîtra n. naîtrons v. naîtrez ils naîtront
45. croire *croyant* *cru*	je crois tu crois il croit n. croyons v. croyez ils croient	je croyais tu croyais il croyait n. croyions v. croyiez ils croyaient	je crus tu crus il crut n. crûmes v. crûtes ils crurent	je croirai tu croiras il croira n. croirons v. croirez ils croiront
46. battre *battant* *battu*	je bats tu bats il **bat** n. battons v. battez ils battent	je battais tu battais il battait n. battions v. battiez ils battaient	je battis tu battis il battit n. battîmes v. battîtes ils battirent	je battrai tu battras il battra n. battrons v. battrez ils battront
47. mettre *mettant* *mis*	je mets tu mets il **met** n. mettons v. mettez ils mettent	je mettais tu mettais il mettait n. mettions v. mettiez ils mettaient	je mis tu mis il mit n. mîmes v. mîtes ils mirent	je mettrai tu mettras il mettra n. mettrons v. mettrez ils mettront
48. rire *riant* *ri*	je ris tu ris il rit n. rions v. riez ils rient	je riais tu riais il riait n. riions v. riiez ils riaient	je ris tu ris il rit n. rîmes v. rîtes ils rirent	je rirai tu riras il rira n. rirons v. rirez ils riront

条 件 法	接 続 法		命 令 法	同 型
現　　在	現　　在	半 過 去		
je résoudrais tu résoudrais il résoudrait n. résoudrions v. résoudriez ils résoudraient	je résolve tu résolves il résolve n. résolvions v. résolviez ils résolvent	je résolusse tu résolusses il résolût n. résolussions v. résolussiez ils résolussent	résous résolvons résolvez	
je connaîtrais tu connaîtrais il connaîtrait n. connaîtrions v. connaîtriez ils connaîtraient	je connaisse tu connaisses il connaisse n. connaissions v. connaissiez ils connaissent	je connusse tu connusses il connût n. connussions v. connussiez ils connussent	connais connaissons connaissez	注 t の前にくるとき i→î. **apparaître** **disparaître** **paraître** **reconnaître**
je naîtrais tu naîtrais il naîtrait n. naîtrions v. naîtriez ils naîtraient	je naisse tu naisses il naisse n. naissions v. naissiez ils naissent	je naquisse tu naquisses il naquît n. naquissions v. naquissiez ils naquissent	nais naissons naissez	注 t の前にくるとき i→î. 助動詞はêtre.
je croirais tu croirais il croirait n. croirions v. croiriez ils croiraient	je croie tu croies il croie n. croyions v. croyiez ils croient	je crusse tu crusses il crût n. crussions v. crussiez ils crussent	crois croyons croyez	
je battrais tu battrais il battrait n. battrions v. battriez ils battraient	je batte tu battes il batte n. battions v. battiez ils battent	je battisse tu battisses il battît n. battissions v. battissiez ils battissent	bats battons battez	**abattre** **combattre**
je mettrais tu mettrais il mettrait n mettrions v. mettriez ils mettraient	je mette tu mettes il mette n. mettions v. mettiez ils mettent	je misse tu misses il mît n. missions v. missiez ils missent	mets mettons mettez	**admettre** **commettre** **permettre** **promettre** **remettre**
je rirais tu rirais il rirait n. ririons v. ririez ils riraient	je rie tu ries il rie n. riions v. riiez ils rient	je risse tu risses il rît n. rissions v. rissiez ils rissent	ris rions riez	**sourire**

不 定 法 現在分詞 過去分詞	直 説 法			
	現 在	半 過 去	単純過去	単純未来
49. conclure *concluant* *conclu*	je conclus tu conclus il conclut n. concluons v. concluez ils concluent	je concluais tu concluais il concluait n. concluions v. concluiez ils concluaient	je conclus tu conclus il conclut n. conclûmes v. conclûtes ils conclurent	je conclurai tu concluras il conclura n. conclurons v. conclurez ils concluront
50. rompre *rompant* *rompu*	je romps tu romps il rompt n. rompons v. rompez ils rompent	je rompais tu rompais il rompait n. rompions v. rompiez ils rompaient	je rompis tu rompis il rompit n. rompîmes v. rompîtes ils rompirent	je romprai tu rompras il rompra n. romprons v. romprez ils rompront
51. vaincre *vainquant* *vaincu*	je vaincs tu vaincs il **vainc** n. vainquons v. vainquez ils vainquent	je vainquais tu vainquais il vainquait n. vainquions v. vainquiez ils vainquaient	je vainquis tu vainquis il vainquit n. vainquîmes v. vainquîtes ils vainquirent	je vaincrai tu vaincras il vaincra n. vaincrons v. vaincrez ils vaincront
52. recevoir *recevant* *reçu*	je reçois tu reçois il reçoit n. recevons v. recevez ils reçoivent	je recevais tu recevais il recevait n. recevions v. receviez ils recevaient	je reçus tu reçus il reçut n. reçûmes v. reçûtes ils reçurent	je **recevrai** tu **recevras** il **recevra** n. **recevrons** v. **recevrez** ils **recevront**
53. devoir *devant* *dû* (due, dus, dues)	je dois tu dois il doit n. devons v. devez ils doivent	je devais tu devais il devait n. devions v. deviez ils devaient	je dus tu dus il dut n. dûmes v. dûtes ils durent	je **devrai** tu **devras** il **devra** n. **devrons** v. **devrez** ils **devront**
54. pouvoir *pouvant* *pu*	je **peux (puis)** tu **peux** il peut n. pouvons v. pouvez ils peuvent	je pouvais tu pouvais il pouvait n. pouvions v. pouviez ils pouvaient	je pus tu pus il put n. pûmes v. pûtes ils purent	je **pourrai** tu **pourras** il **pourra** n. **pourrons** v. **pourrez** ils **pourront**
55. émouvoir *émouvant* *ému*	j' émeus tu émeus il émeut n. émouvons v. émouvez ils émeuvent	j' émouvais tu émouvais il émouvait n. émouvions v. émouviez ils émouvaient	j' émus tu émus il émut n. émûmes v. émûtes ils émurent	j' **émouvrai** tu **émouvras** il **émouvra** n. **émouvrons** v. **émouvrez** ils **émouvront**

条　件　法	接　続　法		命　令　法	同　型
現　　在	現　　在	半　過　去		
je conclurais tu conclurais il conclurait n. conclurions v. concluriez ils concluraient	je conclue tu conclues il conclue n. concluions v. concluiez ils concluent	je conclusse tu conclusses il conclût n. conclussions v. conclussiez ils conclussent	conclus concluons concluez	
je romprais tu romprais il romprait n. romprions v. rompriez ils rompraient	je rompe tu rompes il rompe n. rompions v. rompiez ils rompent	je rompisse tu rompisses il rompît n. rompissions v. rompissiez ils rompissent	romps rompons rompez	**interrompre**
je vaincrais tu vaincrais il vaincrait n. vaincrions v. vaincriez ils vaincraient	je vainque tu vainques il vainque n. vainquions v. vainquiez ils vainquent	je vainquisse tu vainquisses il vainquît n. vainquissions v. vainquissiez ils vainquissent	vaincs vainquons vainquez	**convaincre**
je recevrais tu recevrais il recevrait n. recevrions v. recevriez ils recevraient	je reçoive tu reçoives il reçoive n. recevions v. receviez ils reçoivent	je reçusse tu reçusses il reçût n. reçussions v. reçussiez ils reçussent	reçois recevons recevez	**apercevoir** **concevoir**
je devrais tu devrais il devrait n. devrions v. devriez ils devraient	je doive tu doives il doive n. devions v. deviez ils doivent	je dusse tu dusses il dût n. dussions v. dussiez ils dussent	dois devons devez	注命令法はほとんど 用いられない.
je pourrais tu pourrais il pourrait n. pourrions v. pourriez ils pourraient	je **puisse** tu **puisses** il **puisse** n. **puissions** v. **puissiez** ils **puissent**	je pusse tu pusses il pût n. pussions v. pussiez ils pussent		注命令法はない.
j' émouvrais tu émouvrais il émouvrait n. émouvrions v. émouvriez ils émouvraient	j' émeuve tu émeuves il émeuve n. émouvions v. émouviez ils émeuvent	j' émusse tu émusses il émût n. émussions v. émussiez ils émussent	émeus émouvons émouvez	**mouvoir** ただし過去分詞は mû (mue, mus, mues)

不 定 法 現在分詞 過去分詞	直 説 法			
	現　在	半　過　去	単純過去	単純未来
56. savoir *sachant* *su*	je sais tu sais il sait n. savons v. savez ils savent	je savais tu savais il savait n. savions v. saviez ils savaient	je sus tu sus il sut n. sûmes v. sûtes ils surent	je **saurai** tu **sauras** il **saura** n. **saurons** v. **saurez** ils **sauront**
57. voir *voyant* *vu*	je vois tu vois il voit n. voyons v. voyez ils voient	je voyais tu voyais il voyait n. voyions v. voyiez ils voyaient	je vis tu vis il vit n. vîmes v. vîtes ils virent	je **verrai** tu **verras** il **verra** n. **verrons** v. **verrez** ils **verront**
58. vouloir *voulant* *voulu*	je **veux** tu **veux** il veut n. voulons v. voulez ils veulent	je voulais tu voulais il voulait n. voulions v. vouliez ils voulaient	je voulus tu voulus il voulut n. voulûmes v. voulûtes ils voulurent	je **voudrai** tu **voudras** il **voudra** n. **voudrons** v. **voudrez** ils **voudront**
59. valoir *valant* *valu*	je **vaux** tu **vaux** il vaut n. valons v. valez ils valent	je valais tu valais il valait n. valions v. valiez ils valaient	je valus tu valus il valut n. valûmes v. valûtes ils valurent	je **vaudrai** tu **vaudras** il **vaudra** n. **vaudrons** v. **vaudrez** ils **vaudront**
60. s'asseoir *s'asseyant*[1] *assis*	je m'assieds[1] tu t'assieds il **s'assied** n. n. asseyons v. v. asseyez ils s'asseyent	je m'asseyais[1] tu t'asseyais il s'asseyait n. n. asseyions v. v. asseyiez ils s'asseyaient		je m'**assiérai**[1] tu t'**assiéras** il s'**assiéra** n. n. **assiérons** v. v. **assiérez** ils s'**assiéront**
s'assoyant[2]	je m'assois[2] tu t'assois il s'assoit n. n. assoyons v. v. assoyez ils s'assoient	je m'assoyais[2] tu t'assoyais il s'assoyait n. n. assoyions v. v. assoyiez ils s'assoyaient	je m'assis tu t'assis il s'assit n. n. assîmes v. v. assîtes ils s'assirent	je m'**assoirai**[2] tu t'**assoiras** il s'**assoira** n. n. **assoirons** v. v. **assoirez** ils s'**assoiront**
61. pleuvoir *pleuvant* *plu*	il pleut	il pleuvait	il plut	il **pleuvra**
62. falloir *fallu*	il faut	il fallait	il fallut	il **faudra**

22

条 件 法	接 続 法		命 令 法	同 型
現　在	現　在	半 過 去		
je saurais tu saurais il saurait n. saurions v. sauriez ils sauraient	je **sache** tu **saches** il **sache** n. **sachions** v. **sachiez** ils **sachent**	je susse tu susses il sût n. sussions v. sussiez ils sussent	**sache** **sachons** **sachez**	
je verrais tu verrais il verrait n. verrions v. verriez ils verraient	je voie tu voies il voie n. voyions v. voyiez ils voient	je visse tu visses il vît n. vissions v. vissiez ils vissent	 vois voyons voyez	**revoir**
je voudrais tu voudrais il voudrait n. voudrions v. voudriez ils voudraient	je **veuille** tu **veuilles** il **veuille** n. voulions v. vouliez ils **veuillent**	je voulusse tu voulusses il voulût n. voulussions v. voulussiez ils voulussent	 **veuille** **veuillons** **veuillez**	
je vaudrais tu vaudrais il vaudrait n. vaudrions v. vaudriez ils vaudraient	je **vaille** tu **vailles** il **vaille** n. valions v. valiez ils **vaillent**	je valusse tu valusses il valût n. valussions v. valussiez ils valussent		注命令法はほとんど用いられない.
je m'assiérais[1] tu t'assiérais il s'assiérait n. n. assiérions v. v. assiériez ils s'assiéraient	je m'asseye[1] tu t'asseyes il s'asseye n. n. asseyions v. v. asseyiez ils s'asseyent	j' m'assisse tu t'assisses il s'assît n. n. assissions v. v. assissiez ils s'assissent	assieds-toi[1] asseyons-nous asseyez-vous	注時称により2種の活用があるが, (1)は古来の活用で, (2)は俗語調である. (1)の方が多く使われる.
je m'assoirais[2] tu t'assoirais il s'assoirait n. n. assoirions v. v. assoiriez ils s'assoiraient	je m'assoie[2] tu t'assoies il s'assoie n. n. assoyions v. v. assoyiez ils s'assoient		assois-toi[2] assoyons-nous assoyez-vous	
il pleuvrait	il pleuve	il plût		注命令法はない.
il faudrait	il **faille**	il fallût		注命令法・現在分詞はない.

23

NUMÉRAUX（数詞）

CARDINAUX（基数）	ORDINAUX（序数）	CARDINAUX	ORDINAUX
1 **un, une**	**premier**（**première**）	90 **quatre-vingt-dix**	**quatre-vingt-dixième**
2 deux	deuxième, second（e）	91 quatre-vingt-onze	quatre-vingt-onzième
3 trois	troisième	92 quatre-vingt-douze	quatre-vingt-douzième
4 quatre	quatrième	100 **cent**	**centième**
5 cinq	cinquième	101 cent un	cent（et）unième
6 six	sixième	102 cent deux	cent deuxième
7 sept	septième	110 cent dix	cent dixième
8 huit	huitième	120 cent vingt	cent vingtième
9 neuf	neuvième	130 cent trente	cent trentième
10 **dix**	**dixième**	140 cent quarante	cent quarantième
11 onze	onzième	150 cent cinquante	cent cinquantième
12 douze	douzième	160 cent soixante	cent soixantième
13 treize	treizième	170 cent soixante-dix	cent soixante-dixième
14 quatorze	quatorzième	180 cent quatre-vingts	cent quatre-vingtième
15 quinze	quinzième	190 cent quatre-vingt-dix	cent quatre-vingt-dixième
16 seize	seizième	200 **deux cents**	**deux centième**
17 dix-sept	dix-septième	201 deux cent un	deux cent unième
18 dix-huit	dix-huitième	202 deux cent deux	deux cent deuxième
19 dix-neuf	dix-neuvième	300 **trois cents**	**trois centième**
20 **vingt**	**vingtième**	301 trois cent un	trois cent unième
21 vingt et un	vingt et unième	302 trois cent deux	trois cent deuxième
22 vingt-deux	vingt-deuxième	400 **quatre cents**	**quatre centième**
23 vingt-trois	vingt-troisième	401 quatre cent un	quatre cent unième
30 **trente**	**trentième**	402 quatre cent deux	quatre cent deuxième
31 trente et un	trente et unième	500 **cinq cents**	**cinq centième**
32 trente-deux	trente-deuxième	501 cinq cent un	cinq cent unième
40 **quarante**	**quarantième**	502 cinq cent deux	cinq cent deuxième
41 quarante et un	quarante et unième	600 **six cents**	**six centième**
42 quarante-deux	quarante-deuxième	601 six cent un	six cent unième
50 **cinquante**	**cinquantième**	602 six cent deux	six cent deuxième
51 cinquante et un	cinquante et unième	700 **sept cents**	**sept centième**
52 cinquante-deux	cinquante-deuxième	701 sept cent un	sept cent unième
60 **soixante**	**soixantième**	702 sept cent deux	sept cent deuxième
61 soixante et un	soixante et unième	800 **huit cents**	**huit centième**
62 soixante-deux	soixante-deuxième	801 huit cent un	huit cent unième
70 **soixante-dix**	**soixante-dixième**	802 huit cent deux	huit cent deuxième
71 soixante et onze	soixante et onzième	900 **neuf cents**	**neuf centième**
72 soixante-douze	soixante-douzième	901 neuf cent un	neuf cent unième
80 **quatre-vingts**	**quatre-vingtième**	902 neuf cent deux	neuf cent deuxième
81 quatre-vingt-un	quatre-vingt-unième	1000 **mille**	**millième**
82 quatre-vingt-deux	quatre-vingt-deuxième		

1 000 000 | **un million** | **millionième** ‖ 1 000 000 000 | **un milliard** | **milliardième**